小野寺S一貴
妻は
見えるひとでした
シリーズ
この世の
続き
物語

プロローグ

魔法使いはいるのかな。もしも魔法が使えたら、なんだか素敵だと思う。だってこの世は、大変なことが多すぎるから。

もしも魔法使いがいるならば会ってみたい。きっと誰だってそうじゃないかな？　トラブルを解決したり、悩みを消してくれたり、例えば孤独で寂しいことや、泣きながら過ごす夜がなくなるかもしれない。

お腹がすいたら腹いっぱい食べることができて、いや、だけど太りたくはないから食べても太らない魔法や、好きな人といい感じになれてしまう魔法があったら、そりゃ嬉しい。お金もたくさん入ってきて、毎日好きなことをして、それこそ遊んで暮らせたらどんなに楽しいだろう。悪いヤツをやっつけられて、苦しむ人がいなくなって、みんな平和に穏やかに暮らしていければすごく幸せなのに、なんてことをふと思う。

殺人者も犯罪者もいなくなってしまえばいい。嘘をつくヤツも子どもや動物を傷つけるヤツも消えてしまえばいい。詐欺師もみんないなくなれ。匿名・流動型犯罪グループ（トクリュウ）だかなんだか知らないけど、メールや電話ひとつで誰かの人生を狂わせたり、罪なき人を襲って強盗をしたり、ましてや人殺しなんて、そんなヤツらは絶対に許せない。そんな連中はみんな地獄に落ちてしまえばいい。

この世で犯した罪は、地獄で償わなきゃならない。人生、そうじゃなきゃ、帳尻が合わないじゃないか。ゴミ掃除は誰かがやらないといけないんだ。そうじゃなきゃ、世の中が汚れる一方だから。

きれいごとで、世の中がきれいにはならない。

だから、僕は少しだけ禁断の話に手を出した。


「邪法」


それは文字通り、邪《よこしま》な法を指す。それを修める者は凄まじい法力を備え、たとえどんな願いでも力ずくで叶える、まさに禁断の法と言われている。なぜ禁断かといえば、その願いがどれだけ不埒で悪辣なものであろうとも必ず叶えてしまう、魔法のような法力だからだ。

そう。どんな願いでも。

ちなみに、我が日本には中世から近世にかけて「邪法」とされてきたものが、三つ存在する。

いずれも、狐や天狗を使役して願いを叶えるとされ、その一つ目が「愛宕《あたご》の法」。二つ目が「飯縄《いずな》の法」。そして三つ目が「荼枳尼天《だきにてん》法」である。

想像できるだろうが、愛宕の法は全国の愛宕神社と関係している。愛宕神社は、僕と妻の氏神さまであり、僕自身は様々な縁がつながって、導かれるように総本宮 京都 愛宕神社にまで登拝を果たした。

また「飯縄の法」の飯縄権現は、摩訶不思議な白龍、ガガに促されて10年ほど前に参拝。その後に長い間崇敬している戸隠信仰と一体となっていたことを知ったのだが、そのときは驚愕した。以来、戸隠神社参道に佇む飯綱大明神の社には毎年欠かさず参拝している。

そして三つ目。はるか昔の話になるが、僕は人生で一度だけ「一目惚れ」を経験している。「彼女」に出会ったとき、一瞬で心を奪われ、寝ても覚めてもその姿が離れなくなった。僕は恐妻家……いや、愛妻家で知られているから「きっと奥さんと出会ったときに一目惚れしたのね」と思われるかもしれないが、それは違う。

僕が狂おしいほど心奪われたのは、ある一体の仏像だった。それがダーキニーとも呼ばれている荼枳尼天だ。なんとその荼枳尼天、「戸隠山顕光寺流記并序」によれば、戸隠山顕光寺住職のもとに現れ、「自分は日本三大天狗である」と述べたといういわれが残っているのだ。そして戸隠山の鎮守となったとされるのだけど、えたいのしれないミステリアスさと、ちょっとしたホラー要素を孕んでいる気がしてならない。

……ん？

いや、ちょっと待ってほしい。なんかここまでサラーッと軽く書いちゃったけど、もう一度言う。ちょっと待て、僕。

我が家の神棚をジッと見る。

そこにあるのは、愛宕、戸隠。そして直接ではないにしろ荼枳尼天を調伏し、未来予知の力を授けたという大黒天ことオオクニヌシを祀る出雲だ。

え、これって？　ずっと我が家に祀《まつ》ってあったのに、今になって気づいた。

つまり僕たちは、かつては邪法とされ、密かに表舞台から封印された（もちろん表面上はこの世にあるのだけれど）信仰に関係する神々を祀り、日々祈りを捧げていたことになっちゃうのだろうか？　朝な夕な、手を合わせて、信心を。

確かに、あまりに強大な力を持つゆえ、時の権力者に恐れられ、その力を封じようとされたとしても……なんというか不思議ではない。人は強大な何らかの力を恐れるものなのだ。独眼竜で知られるあの伊達政宗でさえ、こんな話がある。

何度攻めても落とせない城を持つ相手が、毘沙門さまを厚く信仰していると知り、政宗は動いた。敵方が拝んでいるという毘沙門さまを見つけて逆に「もしも私が勝てたなら、立派な毘沙門堂を建立して祀ろうぞ」と願掛けしたところ、見事に勝利して城を取った。しかしその帰路で、

「敵方の私が拝んで勝利できたのだ。もし今度、私の敵が『伊達家を倒せ』と毘沙門さまを拝んだら、我が藩は大変なことになる」

と不安になり、なんと毘沙門さまを投げ捨てたとの伝説があるのだ。その後、付近の人に救い出された毘沙門さまは、今でも仙台市若林区荒町の毘沙門堂に静かにいらっしゃる。強力な存在であるほど、そしてどんな願いも叶えてくれるからこそ、人がそれらに恐れを抱くのは無理からぬことかもしれない。

例えば狐を、人々を騙し陥れるものだと恐れた。天狗を、修験者を惑わすものだと吹聴して遠ざけた。それもすべては、その大いなる力を恐れたからだとしたら。

しかも僕は辰年になってすぐに、突然の導きを受けて、日光東照宮、厳島神社、戸隠山

に京都愛宕山へと通っている。

荼枳尼天信仰で有名な平清盛は、荼枳尼天と弁財天を同一視して厳島神社を厚く信仰していた。

飯綱権現は戸隠修験と一体の霊場として発展した歴史があるし、京都愛宕山に至っては平安時代の末期、悪左府と呼ばれた藤原頼長が父とともに愛宕山に登り、山頂の天狗像の目に釘を打ち込んで近衛天皇を呪殺したとされ、これが原因となって保元の乱が起きた。

そう、日本の歴史さえも動かしたのだ。

なんせ、この日本の歴史そのものが、神仏に物《もの》の怪《け》、怨霊に呪詛《じゅそ》など、見えざるものとともに歩んできたわけで。

令和6年のNHK大河ドラマ「光る君へ」の舞台となる平安時代は、特に見えざるもの全盛の時代だと想像する。あの清少納言も『枕草子』に「病は、胸。もののけ。あしのけ」と書いているほどで、ここでの「胸」は病気全般、「もののけ」は物の怪、「あしのけ」は脚気のことを指す。つまり物の怪は病気と同等に扱われるほど、日常的だったのである。

そう考えるといろいろ腑に落ちてくる。中宮彰子が皇子を出産するシーンでは、「物の怪vs祈禱」という壮絶な戦いが描かれたのだけど、それも素直に納得できるというもの。

見えない存在と、それを封じようとする人間。平安時代は、それが日常茶飯事だったのだ。ちなみに当時は人が体調を崩すと陰陽師が占い、神の祟りか、物の怪のいたずらか、ただの病気かを判断した。それぞれの場合で担当も違い、神の祟りなら陰陽師が祓いを行い、物の怪の仕業なら僧侶が加持祈禱を、ただの病気なら医者が治療を行った。

紫式部の『源氏物語』は世界最古のロマンスとして有名だけど、そこにも「生霊」や「死霊」がたびたび登場するし、日本最古の説話集『日本霊異記』はもちろん、平安時代の勅撰史書『続日本紀《しょくにほんぎ》』『日本後紀』などの六国史、それに『今昔物語』『源平盛衰記』『将門記《しょうもんき》』など数々の書物を読めば、日本の歴史はそのまま物の怪の歴史といえるほどの内容が盛りだくさんだ。

だけど同時に納得できることもある。

だって日本人は今なお、お正月には神社仏閣に初詣をして手を合わせ、子どもたちはランドセルにお守りをぶら下げる。安産祈願や初宮詣、七五三に合格祈願、車を買えば安全祈願。つまり、見えないものを知らないうちに信じ、敬っているじゃないか。なんだかんだいって、実はみんな「見えざるもの」を信じているのが日本人じゃないの?と思ったりもする。

だから、この日本にはそんな「見えざるもの」が、まだまだそこかしこに息づいているんだ、と僕は言いたいのだ。

あんなことやこんなことを思い出しながら、長く綴ってきた記録を読み直しながら、僕たちの生きた記録としてここに残しておく。

もくじ

第2章 魂って死んだらどうなるの？ 本人に調査してもらった結果

第3章 神仏の手のひらの上で転がされ……

第4章　見えない世界あれこれ

第1章

霊体験は突然に　この世とあの世は紙一重

包丁お松

その男女は会ってはいけないふたりだったのだと、祖母は言った。

小学3年生の僕は祖父母の家の大広間に敷かれた床につき、祖母の話に耳を傾けていた。枕を並べる弟はすでにスヤスヤと眠りについている。広い庭からは鈴虫やコオロギの鳴き声が「リーンリーン」「チィチィチィ」とやかましいほどに響いていた記憶がある。だからきっと、秋の夜長の寝物語だったのかもしれない。

僕は好奇心半分、怖さ半分で、掛け布団を顔まで引っ張り上げて祖母を見ていた。話の続きを目でせがむ。

「その女は人間ではなかったんだよ。そうだねえ、夜叉や鬼神の類いとでも言ったらいいべか」

「やしゃ？　きじん？」

耳慣れない言葉に僕は首を傾げて聞き返した。

「タカくんにはまだわからないだろうねえ。鬼のような顔をした神様とでもいえばいいかね。人の死をあらかじめ知ることができて、もうすぐ死んでしまう人を見つけると、優しく声をかけてくるんだとさ」

「えーっ、怖いよぉ。僕は会いたくない。だって会うと死んじゃうんでしょ？」

僕は泣きそうになりながら、布団をかぶる。

「怖いかい？　そうだね、怖いねえ。だけど大丈夫だよ。タカくんは……」


何かを言って、だけどはっきりとは聞こえず、祖母の声が遠ざかっていく。

妙にリアルな感覚を覚えながら、僕はハッと目を覚ました。

見慣れた天井がある。そこは自宅の寝室だった。

「ん、目ぇ覚めちゃったの？」

隣には、小さな明かりで読書をしていた妻のワカ。そのワカが声をかけてくる。

「……うん。なんか、子どもの頃の夢を見てた。小野寺の本家で、ばーちゃんが枕元で寝物語をしてくれて……それで……えっと」

記憶をたぐるが、ハッキリとは思い出せない。

僕は上半身を起こして、ベッドサイドに置いたミネラルウォーターをごくごく飲む。喉が渇いていた。

「ふーん、タカのおばあちゃんか……。結婚する前に亡くなってるもんね、いつだっけ？」

「今から24年前かな。だけどなぜかそのとき、ばーちゃんとはまた絶対会えるような気がしてたんだよ。だからなぜか悲しくなくて……あんなに大好きだったのに。それが今でもすっげえ不思議でさ」

僕はそう言って、大好きだった祖母のことを思い出す。まさに田舎のおばあさんという形容詞がピッタリで、毎日モンペ姿でえっちらおっちら畑仕事をしていた。僕を見つけるとニッコリと微笑んでくれて、腹が減ったと言えば忙しい中でもラーメンやうどんを作ってくれたり、寒い冬にはおやつに干し芋をあぶってくれたりもした。すごく優しい人だった。そんなばーちゃんに本当にまた会えるのかな？　もしかしたらこうして夢で会えるという意味だったのかな？　そんなふうに思っていた頃が懐かしい。

まさかこんな日が訪れるとは、思ってもいなかったから……。


おっと、ここで僕たちのことをお話ししておこう。

僕の名は小《お》野《の》寺《でら》S《えす》一貴《かずたか》。この本の著者で、みんなからはタカと呼ばれている。子どもの頃の不思議な体験から「見えない世界は絶対にある！」と信じるようになり、心霊関係の本を買い漁っては研究をしていた過去がある。だけど今なお、特段見えることも聞こえることもない。言ってしまえば、鈍感力の権化である。

そして妻のワカだが、彼女は子どもの頃から不思議な感覚の持ち主だった。フツーの人には見えないものが見えるとか、わからないことがわかるという特殊な感覚を持っている。そのくせ、実際に自分の身に起きた不可思議な出来事をすべて「こんなの偶然だ」「気のせいだ」と、スルーしてきた大変な現実主義者で、怪しい話が大嫌いときている。だがしかし、その特殊な感覚は、見えない世界を信じてやまない僕と結婚したことでどんどん覚醒してしまい、今ではこんな本を出すまでになってしまったのだから、まったく皮肉なものである。

というわけで、僕がこの話を語るうえで、ワカの存在は欠かせない。だって僕だけだと見えないし聞こえないから、どんな不思議な出来事があってもそれを話すことも解説することもできないのだ。

そして、そんなワカとともにいる頼もしい面々については、今後の展開の中でご説明していくことにする。

ざっくりと僕と妻ワカのことをご理解いただいたところで、話を進めることにしよう。

僕の夢に祖母が現れてから少したった頃、妻の口から驚くべきことを聞く。「黙ってて悪かったけど、実は最近、そのおばあちゃんが現れるんだよね、うん。まあ、大したことじゃないんだけど」と。

僕は驚愕した。いやいや妻よ、大したことでしょ！　ちなみに前述の通りワカは、生前の祖母とは会ったことがない。僕らが結婚する前に死んでいたから当然なのだけど。にもかかわらず、なぜか彼女は祖母のことをよく知っていた。そのことはのちに話すとして、妻から聞いた僕の祖父母が今、どんな状況にいるのかの話をしよう。

人は死ぬと、階層に分かれていて、自分より下の階層には行けるけれど、上の階層には行けない。そして、どうやら祖母はけっこう高い階層にいて、これまた彼女の後に死んだ祖父は、それよりも下の階層にいるらしい。

だけど、階層が違うのをいいことに、祖父は若いギャルを見つけてはフラフラついていき、遊び歩いているそうだ。祖母が会いに行っても、行方不明で見つかりゃしない。まったくどこ行ったんだじーさんめ、と今日もまた祖母はボヤいているという。うん、めちゃくちゃそれが目に浮かぶ。

生前の祖父はそういう人だった。晩年になって入院したときも、僕の父や周りに、

「ああ、オラはもうダメだ、死にそうだ。だけど水着ギャルのカレンダーがあれば、もっといえばビキニギャルなら来年いっぱいは生きられそうだ。買ってきてくれんかの」

と、よくせがんでいた。

そして、これはずっと内緒にしていたのだけれど、もう時効だから書いてしまおう。僕はなんでもネタにするのさ。もう30年以上も前のこと、じーちゃんがよく昼寝をしていた離れ部屋を、僕は受験勉強に使っていた。あるとき、勉強に疲れてゴロンと寝転がると、部屋に飾ってあった欄間額の裏側に、何かがあるのが見えた。ん?と思い、そこをゴソゴソすると、なんとそれはエッチなビデオであった。年頃のタカ青年はウッヒョー♪と盛り上がり、こっそり見たのだけど、アレは正直イマイチだったなあ。

「なるほど。じーちゃんはこういうジャンルが好きなのか」

と、妙に感心した記憶だけが残っている。

おっと、エッチな話はどうでもいい。話を戻そう。

そんなじーちゃんと長年夫婦だったばーちゃんだけど、どうやら、なんというかワカと

同じく「見えないものが見え、聞こえないものが聞こえる」という人だったのである。

そのことは、結婚して何年かしてワカから聞いて初めて知った。もちろん実の娘である僕の母ちゃんですら知らないことである。ただ、言われてみると心あたりがあったようだ。

「そう言われてみれば謎なことがあったのよ。あんな足腰なのに、絶対月山に登るんだって聞かなかったし。一体、何をしに行ってたのか」

と、母は不思議そうに言う。

月山とは、古《いにしえ》より信仰を集めてきた出羽三山の信仰の山だ。修験の聖地としても有名で、羽黒山、月山、湯殿山の三山を巡ることは、死と再生をたどる「生まれかわりの旅」とも言われてきた。そんな山に死の直前まで登っていたのなら、たしかに死んだ後に現れてもおかしくない。

先述した、実際には会ったことがないはずのワカは、僕のばーちゃんのことをビックリするくらい知っていた。

あるとき、

「なんでオレのばーちゃんのことを知ってるの?」

と聞いたら、

「だって本人が教えてくれるから」

と言われたときは衝撃的だった。

これを読んでいる皆さんも想像してみてほしい、会ったこともない人の話をすらすらとされたときの驚きたるや、なかなかのものだから。

そんな感じで妻と祖母は、あの世とこの世でたまに通信しているのだ。

そしてワカがあるとき、

「なんかおばあちゃん、腰に包丁ぶら下げてるんだけど、ヒモで結わえてさ。これやめたほうがいいと思うなあ。危ないからしまいなさいよ、って言っても聞かないんだわ」

と、困ったように呟いた。

あ、それね……と、僕はすぐに思いつく。思いきり覚えがあったのだ。バッチリと。

高校時代、僕が修学旅行で京都に行ったときのことである。

たぶん、新京極の店だったと思うけれど、そこで名入れができる包丁が売られていた。僕はすぐにばーちゃんの顔が浮かんで、名前を刻んでもらってお土産に渡したのだ。祖母に包丁の土産……。なんでオレ、そんなもの土産にした？　名入れの商品なら、ほかにもいろいろあったのにどういうわけか、僕は包丁を買ってしまったのである。今考えても、明確な理由は思い出せないのだけど、そのときの包丁がそんなに嬉しかったのだとわかる喜びと、それを腰からブラブラさせながらモンペ姿で走り回っている滑稽さが相まって、なんとも言えぬ笑みが漏れてしまう僕なのだった。

それから僕たちは、ばーちゃんのことを「包丁ばあさん」と呼ぶことにしたのだが、本人がもっと粋な名前にしろとうるさいもんだから、今では人間だった頃の名前も加味して「包丁お松」と呼んでいる。

「水戸黄門のかげろうお銀みたいだねえ、いいじゃないか」と、本人はその気になっているが……どうなんだろう？　だいぶ違う気がしないでもない。

しかし、ばーちゃんが亡くなったときのあの不思議な感覚、「たぶんまた会えるな。そう遠くないどこかで」が、まさかこんなかたちで実現するとは……。

もっと感動的な再会を期待してたのだけれど、そうは問屋が卸さぬもんだ。

恨みを抱いて死んだ人の怖い話

僕たちだけでは太刀打ちできない案件を、包丁お松に助太刀してもらったことがある。

今、簡単に「助太刀」と書いたけど、実際には本当に危なかった出来事で命の危機すら感じたほどだった。

いつの時代もこの人間界で最も恐ろしいのは「人間の恨み、怨霊」である。記録として「怨霊」という言葉が初めて使われたのが早良《さわら》親王だ。謀略により不遇の死を遂げると、兄である桓武《かんむ》天皇の周囲に次々と不幸な出来事が続いたために、都だった長岡京を棄てて平安京への遷都までをすることになった。

日本三大怨霊として有名な菅原道真、平将門、崇徳院《すとくいん》もその恨みの強さから、世の中を大きく揺るがしてきた。菅原道真は全国の天満宮で天神さまとして祀られ、メジャーな神様になり、受験シーズンには大人気だ。平将門に至っては首塚さえも存在する。都心の高層ビルが並ぶ一等地でありながら、その場所だけがタイムスリップしたかのように昔のまま残されていて、神田明神で神として祀られているのはそのためだ。

崇徳院は自らの舌の先を噛み切り、滴り落ちるその真っ赤な血で、五部大乗経の奥に「我、日本国の大魔縁となり、皇を取って民とし民を皇となさん」と、皇室を呪詛する言葉を記して海底に沈めたとされる恐ろしい人だ。その後、実際に武家政権となる鎌倉幕府が成立したことで、日本史上最強の怨霊とも称されるようになった。

まあ、そこまでの恨みではなかったとしても人の恨みの念たるもの、とてつもないエネルギーとなることは確かである。

これは実際にあった事例で、とある一族に起きた一つの例として聞いてほしい。

一人の年老いた人間が死んだ。

その老人は生前から自分以外の誰かを羨み、世間を恨み、口をついて出るのは世の中へのグチや不平不満ばかり。

あるとき、老人の住んでいる地域を大きな災害が襲った。まさに天変地異と言えるほどの災害だった。多くの人が犠牲になり、また、生き残った人たちも住まいや職場、そして愛する人を失い、絶望し、途方に暮れていた。

老人はその日たまたま通院のために、離れたところにいた。だから難を逃れた。命があっただけでも幸運なのだが。それでも老人は、乗り物の中で一夜を明かさねばならない状況に腹を立てていた。

テレビ中継ではそんな恨み節を吐く老人に目をつけたのか、マイクを向けてその口から吐き出される恨みつらみを放送した。当然、批判が殺到することになるが、そんなことは人付き合いがなくネットやＳＮＳとは無縁の老人からすれば、些末なことでしかなかったらしい。

そんな老人でも一人だけ、心を開いた人間がいた。親戚の女性だ。その女性は人懐こくて、老人にも優しかった。それが嬉しくて機会があれば会いたいと思っていた。けれど彼女は遠くに住んでいたので、自分が住む場所にはなかなか来てくれなかった。

会いたい。会いたい。会いたい。どうして来ない？　思いは募る一方だったが、彼女は一向に来なかった。

その後老人は、その女性と再び会うことなく亡くなった。

介護をしてくれた人たちへの不満を最後まで口にしながら、会いに来ない彼女を恨みながら……。


僕が異変を感じたのは、とても寒い夜のことだった。すでにベッドに入っていたが、窓の結露がどうしても気になって起きてしまったのだ。内窓でも付ければいいのだろうなあ。リビングは内窓のおかげで結露しないけど、北側の寝室にはそれがない。ちょっと高くつくが、プチ・リフォームを視野に入れようと思いながら、せっせと結露を拭いていた。

そのときである。曇りガラスの向こうを、何か大きなものが横切ったのが見えた。ほんの一瞬のことだったけれど、それはとても大きな影だった。寝ながら本を読んでいたワカが、バッと起き上がる。どうやら「それ」の気配を感じたらしい。

「ん？　なんか来た……」

ワカはそう言って身構える。嫌な予感だった。過去に何度か感じたことのある予感だ。ワカがこう言った後には、大体「怖いこと」が起きるのだ。僕は緊張した。

少しずつ空気が張り詰めていく。ピリピリと、空間を裂くような気配がするのである。それは鈍感な僕にもわかった。猫が毛を逆立てて、シャーッと鳴く。

「これは……死霊……？　たぶん、そうだと思う」とワカが不吉なことを言う。

「し、死霊って、死んだ人の霊ってこと？」

わかっちゃいるけど念のため確かめる僕に、ワカが頷く。

ワカや周りにいる守護霊さままで緊張するということは、おそらく身近な誰かだろう。僕は瞬時に知っている故人を思い浮かべる。

立て続けにこの世を去った親戚か？　それとも震災で命を落とした親類一家？　はたまた付き合いのあった友人関係……。思い浮かべてみるが、そこまで恨みを持たれる覚えのある人は見当たらない。もちろん人の腹の中なんてわからないけれど、現れてくるぐらいの強い怨霊の念ならば、心あたりがあってもおかしくないはずだ。

誰だ？ 誰なんだよ？ 相手がわかるのとわからないのとでは、恐怖心が全然違うし、対応の仕方だって変わってくる。孫子の兵法にも「敵を知り己を知れば百戦危うからず」とある。

ところが僕もワカも、まったく見当がつかない。その死霊はまだそこにいるのだが、姿が陰に隠れていてよく見えないのだ。

かろうじて、長らく消息不明だった叔父が最近亡くなったと聞いたのを思い出し、

「家族もいなかったから、たしか小さなお葬儀をあげたんだよね。田舎を出てからはまったく地元にも帰らなかったし、親族とはいえ、ほとんど記憶にない人だけど、まさか彼？」

と、必死に考えを巡らす。もしかしたら誰かとのつながりが欲しくて出てきたのか。

「いや違うでしょ、普通こんなに怨念みたいなものにならないって。私とかタカのことを知ってる人の執着だよ、これ」

「じゃ、この間亡くなった近所の肉屋さんとか？ 商売大好きな人だったし、よくコロッケおまけしてくれたし。まだまだ仕事したいとか」

「知らないよ、そんなの」

考え続けても納得できる結論は見つからなかった。

だが、その正体は意外なものだった。突如、僕の第六感が閃いたのだ。

「もしかして……親類のトシさんかもしれない……。あの人、僕らのことすごく好きだったじゃないか。だけどずーっと会いに行ってない。だって……」

「タカ、もしかしてビンゴかも。この匂い……ずーっと昔にあの人の家に行ったときのお香の匂いに似てない？　ほら」

緊迫したワカの声に、僕も神経を研ぎ澄ませて嗅覚を意識する。

渋いような、独特のお香のにおい。

「ずっと会ってなかったからわからないけど、だとしたらトシさん……亡くなったの？」

僕は独りごちる。

「どうやらそのようだな。我もうかつだった」

僕たちを日頃から守ってくれている龍神、ガガだ。ガガの説明によると、病院を転々としていた件《くだん》のトシさんが、昨夜亡くなったということだった。トシさんには看取ってくれる家族もなく、最期まで「自分は不幸だ」「世の中にいじめられている」と、世間への恨みと不平不満を言い続け、そして力尽きたという。

このねばりつくような気配は、やはりあの人だったか。

「生きてるときから陰の気がすごい人だったからな、僕はとても苦手だった」

「悪いけど私もだよ。あの家に入ったら一見きれいなのに、床が湿っぽくて濡れてる感じがして……それから入れなくなっちゃった」

「同感だ」

ピシピシピシ……。また、空気が震える。

「ね、ねえ、ワカ。これ、やばくない？　きっと僕たち一方的に恨まれてるんじゃないの？　長年かけて蓄積してきたものがブワーッと……」

想像するだけで恐ろしくて僕が話すのをやめると、それをつなぐようにガガが続けた。

「おー、こりゃ蛇だな。不満や恨みの念で、自ら大蛇に変化《へんげ》しているようだがね」

へ、蛇？　やだやだやだやだ！　僕がこの世でいちばん苦手な生き物じゃないか！　よりによって……。

「来るぞ、気をつけろ！」

そうガガが叫ぶと同時に、ものすごい勢いでワカが自らの喉に両手をかける。そして、体をカチカチにして床に倒れ込んだ。僕は慌てて彼女を抱えようとしたが、思わず握った手を離してしまった。なぜなら、ワカの身体は硬直したようにカチコチになっていて、生き物の柔らかさがなかったからだ。こんなことがあるのか。

「グエッグエッ」と、彼女の喉から苦しそうな息が漏れる。

「おい、やめろ！　くそっ!!」

我に返ると、ワカの両手をつかんで引き剝がそうとした。ワカの瞳を見ると、完全に乗っ取られたわけではないようで、かろうじて残った意識のなかで必死に抗っているのがわかった。しかし、大蛇が絞め上げるかのように首にかけた指の力は凄まじく強い。男の僕が必死に引き剝がそうとしても、まったくもってビクともしないのだ。それに体の硬直化がどんどん進んでいる。ワカの顔色は土気色になり、口から血が出るほどに歯を食いしばっている。

どうしよう！

「ガガさん、なんとかしてよ！　あんた龍神だろ！　ガガーッ！」

僕が必死に懇願するものの、ガガも精一杯のことはしている。

「わかってるがね！　しかし、こいつは人間として恨みを積み重ねて変化した化け物なのだよ！　それから……すまん！　我々龍神は、特に我は蛇が苦手なのだ」

「はぁ～？　へ、蛇が苦手な龍神って……」

つまりは人間への対処は人間でしろ、ということ？　焦る気持ちを抑えながら、考えを巡らせる。えーと、えーっと……そうだ！

以前、ワカが知り合いから呪いをかけられたときのことを思い出した。たしかにあのときも、霊体たちはサポートこそしてくれたが、自分たちで九字を切って対処したんだった。九字を切るか、いや、僕の九字でこのバケモノを退散させられるだろうか。無理だ、きっと無理！

「人間の対処は人間で……ん？」

ピーン！　僕は閃く。

「オレのばーちゃんはどこ？　包丁ばーちゃん、いや、包丁お松、なんとかしてよ！　頼む、助けて！」

僕が心の底から叫び声を上げると、

「わかってつから慌てんな。タカ、よく見てみな。ワカもちゃんと冷静だよ。ただ、こりゃ一筋縄ではいかないね。厄介な相手だ。ああ、やれやれ」

ボヤきながらも、力を貸してくれるらしい。

生きてるときにはわからなかったけど、死ぬ間際まで霊山たる月山への登拝を繰り返していたおかげで、目に見えぬ力を宿したに違いない。

「どれどれ？　……ああ、こりゃダメだ。一方的に恨みを買っちまったね。あんたたち、この人に寂しい思いさせたんでないかい？　寂しかったようだよ、それが恨みに変わった」

それを聞き、

「たしかにそうかもしれないけど、それでもできる限りのことはしたよ！　ばーちゃんだって知ってるだろ？　それにトシさんのところに顔を出さなくなったのは、嫌だったからだよ。いつも嫌みとジトッとした小言聞かされて。誰だって付き合いたくはない！」

僕は納得がいかずに反論する。

「まあ、そうなんだけっどもさ。世の中に恨みがあると、ゆがんでしまうのさ。口に出さねど相手はわかってくれるだろう、答えてくれるだろう、そう信じてわざと憎まれ口を叩いて関心を引こうとする人間もいんだよ。正気の沙汰とは思えないけど、それが真理だべ」

「だからって！」

「つまりは一方的に恨まれることもあるってこったよ。逆恨みってやつだ」

包丁お松は溜め息をつく。まったく迷惑な。そんな理屈で殺されたのではたまらない。この大蛇のバカ力になんとか抵抗できる存在はいるのか？　龍神や神様の手が及ばない状況を歯がゆく感じながらも、解決策を必死に考える。

そのときにワカが必死の抵抗で顔をゆがめながら「やま……」と絞り出すように言った。

「やま？　えっ、やまちゃん？　やまちゃんがいるの？」

僕の問いにワカが必死に頷いた。

やまちゃんとは、平成から令和に元号が変わる年に死んだ僕たちの愛馬、やまとのことである。なんというか人知を超えたスピリチュアルな馬で、性格はともあれ、ひそやかに愛情深く、僕たちと心や思いというものを通わせていた馬だった。

その愛馬が今、そばにいるらしい。そして、まったく不思議なのだが、僕の鼻先は懐かしい匂いを捉えていた。あの匂いだ。愛馬の、あの体温の匂い。

ビリビリと、また空気が震えた。もしかしたら今、やまちゃんは大蛇と一戦を交えているのだろうか。あの大きな蹄で蹴り上げ、とても草食動物とは思えない獰猛な表情で噛みつき、戦っているのかもしれない。僕には見えないけれども、激しく揺れ動く空気からそれを感じていた。

日本にはスサノオの八岐大蛇退治を筆頭に、大蛇を退治する逸話が全国に残されている。その中には、白馬の力を借りて大蛇を蹴散らす逸話もあった。福島県、栃木県、茨城県の境にある八溝山《やみぞさん》に八峡大蛇がすみ、人々の生活を脅かしていたため、退治しなければいけなくなった。しかし、そのためには天津速駒《あまつはやこま》という名の神馬に乗って戦わねばならないとされていた。

その馬の正体は、鹿島神宮の神様タケミカヅチの魂とも言われ、真っ白い馬体に銀色の羽が生え、自由自在に空を飛び回ることができる神馬だという。そしてその神馬に跨り、見事に大蛇を退治したのが名門、那須家の始まりとされているのだ。

もしかしたら、今、神馬のやまちゃんが戦ってくれているのか？

「いいかいタカ。ようくお聞き」

この状況を理解させるべく、包丁お松が語りかけてくる。

「逸話とか伝説を見ていくと、大蛇を退治するって話がけっこうあるべ？」

「うんうん、たしかに多い！」

僕は答える。川が氾濫することの多い日本においては、大雨や台風による川の氾濫をいかに抑えるかがその地を治めるうえでのカギだった。そのため、大きな川を大蛇に見立てて治水により鎮めることを大蛇退治の物語にしたという話は全国に残る。

「たしかに川を蛇に見立てたのは事実だけんどもさ。でも、どうして蛇だと思う?」

「どうして? それは……」

細長いから? 形が川に似ているから? それとも、いちばん身近で例えやすかったから?

僕が答えられないでいると、

「蛇ってのはさ、動物の中で唯一『鳴けない』生き物だっちゃ。だけど毒はあるのっさ。不平不満の声も上げられず、陰の気ばかりを溜め込んで大きくなる。牙にある毒でその相手を殺そうと、どんどん、どんどんどん恨みの大きさと同じように大きくなっていったんだべな」

確かに「蛇のように執念深い」などと表現されるように、腹に溜め込んだ恨みを忘れないイメージが世の中にはある。その理由が少しだけわかった気がした。

そうこうしている間も、やまちゃんと大蛇の格闘は続いていた。いくらやまちゃんが強いとはいえ、一頭で立ち向かうには長年の恨みつらみで膨張した大蛇の力は強すぎるようだった。たぶん、今やまちゃんは押されている。

僕が再び焦りを感じていると、

「さーて」と、時間稼ぎのおかげで体力を取り戻したらしい包丁お松が、生きていたときのように腰のあたりをトントンと叩きながら「よっこーしょのしょ」と、独特の掛け声で立ち上がった。

「馬ちゃん、ありがとさん。もう十分だ。あとは私らでするから、休みな」

そう声をかける。すると、この戦いに終止符を打つときがきたような気配が辺りを支配した。

包丁お松が、そしてそれに呼応するようにワカがすっと息を吸い込む気配がした。

「タカ。魂は、それ自体を消すことは難しい。けどさ、その核を消すことはできんだよ。まあ、こんなことをするのは本当に稀なケースだけど仕方なかんべ」

包丁お松がそう言うと、真言のようなものが聞こえてきた。まるで何かのメロディのように、それは少しの間だけ聞こえた。そして、何かの気配がふと消えた。なんだか息をしやすくなったというか、ねっとりとした重さがなくなっている。先ほどまでの緊迫した気配が消え去り、気がつけばいつもの寝室の空気が戻っていた。

「くそ、殺す気かっ！　ゼエゼエゼエ」

ワカが咳をしながら起き上がった。首には傷。そして、首以外の箇所も黒紫色にうっ血していた。また直接被害を受けていない僕の身体にも、ところどころうっ血痕ができていた。なぜ背中とか首の回りに、指痕があるのかは……ごめん、わからない。霊、怖い。

そんなわけで無事、魂から核を消されたトシさんの魂は、なんの意識も持たない存在になった。例えるなら、カプセルトイの中のオモチャを抜いてしまった状態と言えばいいだろうか。

恨みつらみを募らせた挙句、まっさらな無にされてしまったある老人の魂。

その魂は、なんだかとても悲しいものに思えるのは僕だけだろうか。

核がないとはいえ、生きていたときにやった報いは受けなければいけないのがあの世の定め。そのあたりは、閻魔大王とその妻、奪衣婆《だつえば》の裁きに委ねるしかないだろう。

落ち着いたところで、先ほど登場した、ちょっと頼りない（？）龍神様をご紹介しておきましょう。

名前は「ガガ」、ガーガーうるさいから（単純すぎ！）とワカが名付けたのですが、今では本人（本神？）も、けっこう気に入ってる様子です。

僕たちに有意義なアドバイスをくれる存在で、人情味がありユーモラス、そして何より厳しく温かい。まあ正式には妻のワカを子どもの頃より守っていたけれど、あまりのダメっぷりに業を煮やして、僕ら夫婦の指導に力を入れに現れたというのが彼の主張。どうやら、守っている人間のランクが下がると神様からお叱りがあるらしくて、龍神様のためにも頑張らなくてはいけません。

時には突き放されることもあったけど、それは僕たちを心から思っての行動。もう一度書きますが、厳しくも優しい龍神様なのです。

だけど、ここで再び注意を。

先ほどからお話ししている通り、僕には龍神の声は聞こえないので、ガガのセリフは「見えるひと」である妻ワカを仲介したものであります。しかし、物語の進行上（便宜上）、その点の描写は省力することをご理解いただけましたら幸いです。

というわけで、へんてこな龍神が付いていることがわかったところで、話を進めていきましょう。

霊界マルハツ

「ところで包丁お松って、いつからウロウロしてたの?」

ある日、気になっていたことをワカに聞いてみた。

曲がりなりにも故人だ。ホトケだ。亡き祖母にウロウロとか言うのは申し訳ないけれども、死んでから20年以上を経ているせいか、悲しみよりも再び会えた喜びと、その存在のおもしろさから、出てくる言葉もいつしかフランクになっている。

「たしか最初に見かけたのは、タカと車に乗っているときね。『湯殿山』って書かれたトラックが目に留まった瞬間に何かがヒュッと横切っていったのよ。『なになに? なんか包丁ぶらさげた忍者のような老婆が現れて、キャー!』って驚いたわけ」

それを聞いて僕は思わず手を叩く、

「はいはい、あのときか! 前方にいるトラックに接近したときにキミが、『うわ、誰だよ、あれ?』ってのけぞったね」

一緒にいるワカが「んっ?」と、驚いたような表情で何かを二度見することが、時折ある。そんなときは「あー、またなんかいたんだな」くらいに思って、本人が言わない限りは僕も深くは問わない。

多くの人は、何か見えないものが見えたりすると「どんな意味が？」とか「理由はなんだ？」と考えるかもしれないけれど、彼らはただ当たり前にそこにいるだけで、その行動にもあまり意味のないことが多い。

人気漫画でアニメ化もされている『逃げ上手の若君』では、諏訪家の巫女である雫が、人には見えぬ神獣たちを前にこんな話をするシーンがある。

「何ら力を貸してくれることはないけれど、ここで祈ると見守ってくれるんです」

「(新しい神獣を見つけて) なんか最近転入してきたみたい」

僕たちの行動だって、すべてに大きな意味があるわけではないように、彼らもただそこで生活しているだけだったりする。

だったら、そこに何かがいたとしても、特段気にする必要はないじゃないか。それぞれがそれぞれの場所で生きているだけ、というのが僕たちの考えだ。

ところが、それが死んだ祖母ならばそうはいかない。そもそも「死んであの世で元気でいる」はずのご先祖さまが、そのへんをウロウロしているのである。なんというか、いろいろと聞いてみたい衝動に駆られるのが、人間というものだろう。

「あらま、タカも気づいてたんだ。たぶん、自分が出羽三山を信仰していたから、それにまつわるところで現れたんだと思うけどね」とワカ。

「でも、なんで急に出てきたのかな?」と、僕は腕を組んで首をひねる。

するとそこへ本人が現れたらしい。ワカがその声を伝えてくれる。

「そりゃ、身近に意思が伝えられる人がいたらこりゃラクだって出ていきたくなるべや。そんなこともわかんねえのか?……だってさ。つまり、私は便利屋かい!? ブー」

ワカが頰を膨らませる。しかし、

「最後まで聞くんだよ、あんたら。いいかい? ワカがタカのとこさ嫁に来てくれてばーちゃんは嬉しかったんだよ。しかもこんなに便利な方々もいるべしなあ」

と、こちらの都合などお構いなしに、包丁お松は話を進める。話によれば、どうやら死んだ魂にもランクがあり、天国に行った優秀な魂の中からは守護霊になるための修行をする「守護霊道」へ行く者や、ほかの魂を補助する役割を担う者など、様々な道があるらしい。そういえば以前、僕の守護霊の暁《あかつき》さんにもそう教えられた。生前は花魁《おいらん》だった暁さんは厳しい修行の末に守護霊となり、僕を守っていると語ってくれたものだ。

そんな優秀な魂の中で、どうやら包丁お松はその腕と度胸を見込まれて(!)、霊界の厄介事を解決する役割を与えられているらしい。

「死んで魂になってから、霊界での活躍でポイントがもらえんのさ。それが溜まるとまた上の位にいけるんだよ。ばーちゃんは働くの大好きだからさ。毎日頑張ってんだけど、大きなポイントをもらうにはデカいヤマを解決せにゃならねえべ？」

「……」

なんだこのゴーイングマイウェイ感は？　そしてなんだこの話の流れは？　もう嫌な予感しかしない。いろいろ起きそうなフラグが立ちまくりだ。優しかったばーちゃんというイメージに、新たな一面が加わっていく。もう死んでいるというのに……。

「おーい、タカ、ワカ、ちゃんと聞いてっか？　ポ・イ・ン・ト！　ばーちゃんはポイント稼ぎたいんだよ」

「まさかとは思うけど……ばーちゃん、僕たちに厄介事の解決に手を貸せと言いに霊界から出てきたと？　このクソ忙しいのに？」

僕がありえない！と文句を言っていると、

「まったくまいったがね！　最近、我までがこき使われているのだよ」

と、ガガが加わってきた。

「ガ、ガガさんまで？ だけどガガって龍神様でしょ？ いわば神様みたいな存在なんだから、死んだ魂の手伝いなんてしちゃっていいんですか？ いや、やめましょうよ」

すっかり及び腰の僕にガガは眉根を寄せた。

「そりゃ比べるまでもなく、龍神のほうがずっと格上だがね。なんせ、神様に仕える眷属のうちで唯一『神』の称号が付けられるほどの存在だからな。しかし……」

そう言って肩をすくめると、

「おまえのばあさんの存在感というか、マイペース感というか、もう完全に押し切られてしまったのだよ。グイグイくるがね、しかもめげんのだ。その証拠に、我よりも格の高いあの梵《ぼん》たちも、最近はすっかり使いっ走りさせられているがね」

そのひと言に僕たちは思わずのけぞった。マジか!?

ガガの言う「梵」とは、突然、我が家にやってきた不思議な丸い生き物で、あるものはポンポンと毬のように跳ね回り、あるものは空中を漂うように浮いていたかと思うと突然、徘徊するように部屋の中をせわしなく動きだす。といっても、それが何なのか、実は僕たちもいまだによくわかっていない。

だけどひとつだけ確かなことがある。それは僕たち一族にとっての守り神であるということ。彼らが来てから、不思議と危険から救われることが増えた。僕らの不運を断ち切ってくれる、かけがえのない存在であると思っている。しかもガガから、格は龍神よりも上だと聞いていたのだが……。

「ソウダヨソウダヨー！　アンタノバーチャンハ、ヤッカイナヒトダゾ！」

と梵さんから思わぬ抗議を受けることになった。

「ボクタチハ、ツカイッパシリニサセラレテイル」

梵さんの言い分を要約するとこういうことらしい。

包丁お松の要求に対して、いくら文句を言っても、いつもニコニコして「ああ、そうかいそうかい。そうなのかい」と言って、聞き流されるだけ。だから何を言ってもムダだと、最近は諦めてしまい、言うことを聞いているというのだ。

じゃあ言うことを聞かなきゃいいじゃないか、と思うだろうが、いつもニコニコして「ああ、んだか～」と笑いかけられると、つい「仕方ないか」という気持ちになって、従ってしまうらしい。しかも、出羽三山という、日本屈指の修験道の山で修行していたというのだから、ますます手に負えない。へたに験力《げんりき》があるから、これまたやっかいだ。

僕は梵さんたちの主張を聞いて、ばーちゃんのニンマリした笑顔を思い出す。孫たちに向けられていたあの温かな、そして優しい笑みには、人の抵抗をも押し切ってしまう力があったのかもしれない。うーむ……おそるべし。しかし、

「ねえタカ、前にも言ったけどさ……なんでうちにばっかりこんな霊界の厄介事がブワーッと降ってくるのかしらね、ブワーッと……」

ワカが遠い目をして、ひとりで何やら呟いているからコワイ。妻よ、しっかりしろ。気をたしかに持つんだ。まあ、気持ちはわかるけど。

ところで、ガガ以外にも、黒龍という龍神がいる。黒龍はガガの采配によって、奈落の底に落ちた僕とコンビを組むことになった龍神様である。もともと黒龍は、僕と同様に頭が固く、ほかの龍神とは馴染めずに独りよがりで影のような身体の落ちこぼれの龍神だった。黒いから名前は黒龍（これまた単純すぎ！）。

しかし、ともに数々の試練を乗り越え、今や立派な龍神に成長した。そして僕を守ってくれる龍神となり、それだけに理論的な説明が得意で、丁寧な口調とメガネがトレードマークの人気キャラ。僕らの物語には欠かせない存在になっていて、女性ファンがものすごく多い。こうした個性豊かな存在が、この物語を彩るのであーる。

そんな龍神たち、ガガと黒龍に、こんな無情なことを言われた。

「おまえらはマルハツ体質だから、諦めるがね」

「マルハツですから、仕方がありません。ハラを決めてください」

マルハツ、これはガガたちの造語だろう。

これは事件、いやこの場合、霊界でのもめ事によく関わる人を指す言葉だそうだ。きっと、警察で容疑者のことを「マル被」、身辺保護者を「マルタイ」などと言うから、マルと発見者をかけたのかもしれない。

とはいえ、僕たちが「霊界マルハツ」であることは間違いないようで、ガガや黒龍も公認とのこと。まったく勘弁してくれよ、と思うのだけれど、それはそれでどこかで楽しんでいるのも事実で。まあ、人の心とは「嫌よ嫌よも好きのうち」なのかもしれない。

「六道の辻」の奇妙な古着屋

とはいっても、だ。「マルハツ体質だから諦めろ」なーんて諭されても、そう簡単に納得できるものではない。

ここからが腹立たしいことで、とはいえ、あんまり大きな声では言いたくないのだけれど、この際だから言わせてもらう。たまに「小野寺家って賑やかで超楽しそう！　いいなー、そんな人生」とか、「私もそんな体験してみたいですぅ。なんかドラマを生きてる感じ、羨ましい〜」なんてノー天気な発言をぶっ放してくる人がいるのだ。そんな人に、心から伝えたい。

それ本気で言ってる？　この面倒な世界に腹決めて飛び込む気があるんかい？　と。

そりゃ一見、おもしろそうかもしれない。ドラマティックかもしれない。非日常が溢れていて、退屈な人生にサヨナラ！みたいな感じかもしれない。だが、悪いことは言わないからやめておいたほうがいい。我が家は妻が「見えるひと」で夫の僕は「書けるひと」なのだ。だからこれまで起きたことや日常を、ちょっとだけおもしろげに綴っているから、楽しそうに感じてしまうだけなのだ（僕らの人生、笑い飛ばさないとやってられない！）。

「田舎って空気がおいしいし人がゴチャゴチャしてないし、のんびりしてていいよねー」と言う人でも、いざ田舎に住むと、きっと不便に感じるのだ。夢の国ディズニーランドだってたまに行くから楽しいのであって、そこで毎日働くことになれば話はまったく変わってくる。つまり、よさそうに見えるだけ！　都合のいい部分だけが欲しいということ。つまるところ、厄介なことは厄介にしか感じないわけである。

ここでいくつか、日々の厄介事に巻き込まれた話を紹介しよう。

仙台には「六道の辻」と呼ばれる場所がある。

まず「六道」とは、仏教における人間が輪廻転生する「地獄道」「餓鬼道」「畜生道」「修羅道」「人道」「天道」という六つの世界のこと。仙台駅西口近くにあるその場所は、江戸時代には変則的な六叉路になっていたことから、そう呼ばれているそうだ。いかにも冥界とつながっている場所と噂されるにふさわしい名称だと、僕なんかは素直に思う。

今では東西をつなぐ北目町ガードというトンネルができ、一本の道になっているものの、その先で東西それぞれ三つの道に分かれているので、六叉路のままであるという見方もできる。そしてそこでは、現代のデジタル社会になっても奇妙な体験をしたという噂が絶えない。

例えば、夜に歩いていると誰もいない暗闇からヒソヒソ話が聞こえるとか、その道を歩いているときだけ背中を重く感じるとか、肩に何かが触れた気がしたとか、髪の長い女とすれ違ったけど振り向いたらいなかったとか、それはもう様々なことを聞く。

若かりし頃、僕の妻は弟とここで謎の体験をした。

ある日、姉弟は一緒に買い物に出かけた。ワカは当時、ＢＡＲ「月影」でアルバイトをしていて、前日は給料日だった。頑張った甲斐があって、予想より１万円も多く給料が入っていた。だから、弟に好きなものを買ってやろうと思ったのだ。

そこで、少し前の会話を思い出す。

北目町ガードをくぐり、東側に抜けたところによさげな古着屋があるいう。弟が言うには、小さな店だが雰囲気がよくて、海外のシャツやジャケットが手に入るらしい。野球部の仲間たちと一度買い物に行って、すっかり気に入ったようで、いい店を見つけたと嬉しそうに語り、姉ちゃんも今度一緒に行こうぜ、と言われていた。

好きなTシャツのひとつも買ってもらおうという弟の魂胆とは知りながら、かわいい弟のために一緒に出かけるいい人、ワカ。

そんな感じでお目当ての店を探したのだけれど、どうにも見つからない。どこを探しても見つからない。

「おっかしいな。たしかにここにあったのに……一軒家の、レトロすぎる店が」

そう弟は訴えるが、ワカは本当にここなの？　道を間違ったんじゃない？　と聞く。

たしかにその店は、弟好みの古着が揃っていて、一緒に行ったノーリンもツーチンも喜んで気に入った古着を購入して帰ったという。

「ねえ、一度帰って確認したら？」

その店のレシートでも残っていれば、正確な住所がわかるかもだし。そんな思いで提案し、一度帰宅したのだが……

「あ、あれ、ない。え？　たしかにこの引き出しに入れたんだよ、なんでだ？」

タンスはもちろん、部屋の中をひっかき回しながら、弟が騒ぐ。なんと、買ったはずの古着がないというではないか！

慌てて一緒に店に行った連中に電話をすると、なんと彼らもまた買ったはずの服が見つからないという。

その後、ワカは近くに行くたびに六道の辻付近を散策したものの、そんな店は見つからなかった。

どんなに周りを歩いても、似たような店すらないのである。

付近のお店の人に聞いてみても、そんな古着屋は知らないという。

そのことを弟に伝えると、こう言った。

「嘘だろ、くそー。あのときに払った金返せ！」

そこかっ？　ワカはズッコケそうになったが、そんな奇妙な経験が六道の辻であった。

もしかしたら本当に、この世とあの世の境界線があるのかもしれない。あれは霊界の古着屋だったのかなあ、なんて思えてきてしまう。

ふとした瞬間に、その境界を越えて迷い込んでしまったのだとしたら。

とにもかくにもそこでの最初の買い物で、弟が無事に帰ってきてくれたのが何よりだった。

柱時計に映る男の子の顔

こんな面倒な世界を共有できる人もいた。

ワカのいとこである。仮にシノブとしよう。

彼は数多の親戚の中でもいちばん気の合う兄ちゃんだった。本の趣味とか、日常で起きた出来事の捉え方とか、いろんな面で似ているらしい。

シノブ兄は江戸川乱歩が好きで本棚にたくさん並んでいたから、よく貸してもらったそうだ。言わずもがな、江戸川乱歩は有名な推理作家であり、怪奇・恐怖小説を得意としていた。だけど怖いものが苦手なワカは「できるだけ怖くないやつを貸してくれ」とお願いしたところ、いつもわざと怖い作品を渡され、読んだ後にブーブー抗議をするのが常だった。まあ、それだけ仲がよかったのだろう。

そんなシノブ兄があるとき、青い顔をしてやってきた。

そして開口一番にこう言ったのだ。

「やべえ。なんか、母ちゃんが変でさ。時計に男の子の顔が映って見えるらしいんだ」と。

話を聞くと、事件は3週間前にさかのぼる。学校帰りに自転車を走らせていた彼は、見通しのいい道で、急にこちらに近寄ってきた小学生とぶつかってしまった。シノブ兄の話を素直に信じると、まるでその子が自分から自転車にぶつかってきたような感じで、正直驚いてしまった。しかし、ぶつかったことは事実だ。

幸いすぐ近くに交番があったので、男の子も連れてって事情を話し、連絡先も交換したという。とはいえ、あまり大ごとにはしたくないので、家族には黙っていた。

結局、男の子の家族からの連絡もなかった。

すると少しして、シノブ兄の母親（ワカからすると伯母）が突然、時計に男の子の顔が映ってる、と怯えだしたというではないか。たしかにその家には大きな柱時計があって、そのガラスに反射して自分の顔が映って見えることがある。しかし、そこに映るのが、なんと知らない少年の顔だと恐れだした。

それを聞いたシノブ兄は「もしや、あの子が死んだんじゃや?·」と心配になった。だけど事故のことを家族には内緒にしていたため、ワカに相談に訪れたらしい。

当時すでにワカは、知る人ぞ知る「見えるひと」という存在であったから、何かわかるかもしれないと思ったようだ。

早速、遊びにきたという名目でいとこの家を訪れてみたが、ワカには何も見えなかった。そのときは、もしかしたら伯母さんは何か隠し事があって、その罪悪感から怯えているだけなのかもしれないと思っていた。

だけど……答えは数年を経てからわかった。

自転車の事故から数年後にその近所で、家庭内暴力が明るみになった家があった。その家には男の子がいて、長年父親の暴力に悩まされていた。結局、その夫婦は離婚し、男の子はどこかの施設に保護されたという噂が聞こえてきた。住む人のいなくなったその家には、柱時計だけが残されていたという。

今ではDVなど、そんな言葉も使われて比較的声を上げやすい世の中になってきたけれど。昔はなかなか声を上げられず、ただひたすら耐え忍ぶしかないパターンが多かったのだろう。もちろん現代でもまだまだ根強く残る問題だけど……。

その話を聞いた瞬間、ワカには真実が見えた。

「こわい、くるしい、さみしい。お母さん、助けて」

そんな思いで毎日柱時計を見つめていた男の子の気持ちを、自転車とぶつかったときにいとこが拾い、その母親が受信した……。

そして何がきっかけとなったかまではわからないけれど、念が巡り、社会に出て明るみになることがあるという……。

そんな不思議な出来事。

僕たちが事の経緯を理解して以降、伯母さんが時計に映る男の子を見ることはなくなった。

誰にも届かぬ思いを誰かにわかってもらいたかったのかもしれない……。

見えるひとの特徴

このように、自分の感覚を信じてくれるシノブ兄の存在は、ワカにとって、とても頼りになった。

特に「同じ見えるひと」だという点で。

こういう能力を持つのは、子どもにはけっこういるけれど、なぜか大人になるにつれて見えなくなることが多い。大人になってからはシノブ兄と会うことがなくなったため、今でも彼が見えるのかはわからない。

だが当時は、よくこんな話をしていたらしい。

「○○高校の前、よく霊がいてさ。手だけが何本もうごめいてるんだよ。だから通りたくないんだ、オレ」

シノブ兄は、部活やアルバイトで疲れているときほどよく見えたらしい。もしかしたら人は弱っているときほど、身を護るために神経が研ぎ澄まされて、そういう力が発揮されるのかも、と考えてしまう。

ちなみにワカは、その場所では数回しか見たことがなかったけれど、お互いの感覚を共有するには十分だった。

「ワカ大変だね。いろんなことがわかっちゃって。理解できるよ、その苦労は」

その言葉に救われたと、ワカはのちに言った。

こんな能力を有してしまった人からすれば、普通の人には見えないものが見える、聞こえない声が聞こえるのは邪魔物以外の何物でもない。そして周囲の理解はなかなか得られず、一歩間違えばヤバい人扱いである。

ワカものちにその能力に散々苦しめられるのだけれど、そんなときに話を理解してくれる人がいるのといないのとでは、雲泥の差だったに違いない。事実、シノブ兄には昔、同じように見えるという友人がいたのだが、彼はその苦しみに耐えきれずに自殺してしまった。ちなみに僕たちの知り合いの能力者にも離婚経験者が多い。やはり周りの人の理解を得ることが、どれだけありがたいことかがわかる。

そんな感じだからシノブ兄も常々、

「ひとまず俺たち一族にワカがいてよかったよ。だってさ、こんな話を家族や友達にしたって誰も理解できねえもんな」

とボヤいていたそうだ。

けれども不思議なのは、いとこの中でどうしてこのふたりだけにそんな力が備わっていたのか、である。10人以上もワラワラといとこたちがいるのにだ。

この奇妙な出来事を共有できるのは、お互いに「共感覚」が優れているかららしい。共感覚とはいわば「察する力」だ。表情や声の感じ、身振りなどの雰囲気からなんとなく感じる相手の気持ち。それが共感覚である。ちなみにワカの「察する力」は凄まじい。相手の言葉など必要ない。冗談じゃなく、空気で会話ができると言っても過言ではない。

「見えないものを感じる力」というのは霊感だけではなく、この「共感覚」の発達も必要なのだとガガが教えてくれた。

きっとこれを読んでいる人も「今日はこの人、機嫌悪そう」とか、「あの先生、なんかいいことあったのかな」って感じた経験があるだろう。その感覚が鍛えられ、研ぎ澄まされることで、本来見えないはずの何かが見えちゃったり、不思議な現象を引き起こす。だから裏を返せば、五感を鍛え、この共感覚を磨くことで、後天的に「見えるようになる」ことは可能といえる。まあ僕は無理にわかったり、見えたくはないけどね。

さて、そんな共感力を、たしかにふたりが持ち合わせていたというエピソードがある。

シノブ兄には、タエコという妹がいる。つまりワカからすればいとこにあたり、年齢もジェネレーションギャップを感じないほどの差だ。そのタエコさんがハムスターを飼っていたのだが、彼女が修学旅行に行っている間に死んでしまったのだ。ハムスターの寿命はあまり長くなく、その時点で1歳半くらいだったから、老衰だったのだろう。しかし、帰ってきてハムスターが死んでいたらショックを受けるだろうと、タエコさんを不憫に思ったシノブ兄は、ワカに頼んでこっそりペットショップでハムスターを買ってきてほしいと頼んだ。

ワカは「いやいやいやいや、さすがに自分のハムスターが変わっていたら気づくだろう。無理だって。ちゃんと伝えたほうがいい」と反対したが、シノブ兄は絶対に大丈夫と言い張った。

「あいつはおまえと違って学校の成績はスーパー優秀だけど、そういう細かい感覚は全然ないんだよ。それに正直に言うと、俺のせいだって疑われたりすると面倒なんだよ、だから頼む！」と。

いや、絶対にバレるだろうと思いながらも、ワカは色合いの近いハムスターを選び、連れてきた。そして、こっそり入れ替えた。そして死んだ子は、シノブ兄と一緒に土に埋め、小さなお墓を建てた。

で、結局このことは、なんと最後までバレなかったらしい。つまりタエコさんはまったく気づかなかったのだ。ワカは「ありえない」というけれど、僕にはちょっとわかるような気がした。

なぜなら、ワカが尋常じゃないからである。なんせうちの妻、馬の顔でさえ覚えられるのだ（いや、ほんと）。

同じ毛色の馬でさえ、雰囲気や顔の特徴でまず間違わない。競馬中継を見ていても、

「あ、この馬の血統、ディープインパクトだわ」

「この子ハーツクライの子じゃん？　あはは、そっくり！　顔」

「お父ちゃんに似たねえ、オルフェーヴルの娘っ子。見事なピカピカ栗毛」

などと、血統まで言い当てるほどである。僕にとってはみんな揃って「馬ヅラ」なのに……。いや、馬ヅラじゃんか、どの馬もっ！

まあこれは、それだけ動物に対する愛情が深いということかもしれない。シノブ兄も無類の動物好きだった。動物には人間のような理屈とか損得勘定はなく、素直で魂もきれいだ。そんな魂のやり取りができる人ほど、感覚でのやり取りが冴えて、見えないものを感じる感覚が強化されている可能性がある。また、言葉というツールがない彼らを相手にするには、気持ちを察する必要があるから、否応なく共感力は鍛えられるのだ。

実際に僕たちは、様々な動物に関わる職業の人と交流があるけれど、その人たちには通常とは違う感覚が宿っていると感じるときがある。特に馬に携わる人たちは独特の感覚を備えた人が多い。これはやっぱり、馬という生き物が長く人間と意思疎通してきたからなのか？　そういう意味では祖父母の家、つまり包丁お松の家では昔、農耕馬を飼っていたから、馬たちの世話をしながら共感力も鍛えていたことになる。

つまりは、相手の気持ちを酌むことができ、動植物をこよなく愛する情がある人ほど、共感覚に優れて様々な存在とのコンタクトが可能になるのは間違いなさそうだ。

ここで、ふと思う。

ん？　ということは、いまだに見えず聞こえない僕は、空気が読めない情のない人間ということか？　いやいや、僕には僕の役割があるということで納得しておこう。うん、それがいい。

見えるひとの職業によって見え方が違う

さて、今「見えるひと」の特徴について話したけれども、その見え方は、「見えるひと」の職業によって違うらしい。

ワカのお父さんは、昔から自宅でお灸を活用して健康管理をしている。お灸とは、もぐさを燃やし、熱でツボと呼ばれる皮膚上のポイントを刺激することで、病気を治したり、体の不調を緩和する東洋の民間療法である。特に中国やモンゴル、チベットなどで盛んに行われてきた。50代の頃、体調を崩したときにお灸で回復してから継続している。

3000年前の中国において発明され、日本には弘法大師によって持ち込まれ、江戸時代には、「弘法の灸」として流行し、民間にもずいぶん広まった。

「灸は身をやくものにあらず、心に灯りをともすものなり」

という弘法大師の言葉からも、体だけでなく精神面でも効果があるように感じるのは僕だけではないだろう。

そんなお灸を通じて人間の体に接していると、いつしか様々なものを感じて、見えるようになるのだろうか。これはワカの実家に出入りする、お灸を扱う業者さんから聞いた話である。

その人は、これまで多くの人に施術を行ってきたのだけれど、ひとつだけ悩みがあった。それは、背中にお灸をしていると「蟬《せみ》の羽」が見えることがある、という一見ファンタジーな現実だ。そして蟬の羽が生えた人はみんな、近いうちに死ぬ。

つまり、死期が近い人の背中には「蟬の羽」が見えるのだそうだ。

そういえば、もぐさの原料であるヨモギは、日本では菖蒲《しょうぶ》と同じように邪気を払う目的でも使われていた。もしかしたら、そんな働きのあるヨモギによって、死期を悟った人の魂が身体から抜け出る準備をしているのだろうか。そんな姿を可視化してくれているようにも思えるのだ。

もちろん人によって、見え方はそれぞれなのだけれど。

蟬の羽と言う人もいれば、妖精の羽のように見える人もいるそうだ。なかにはワカのように、背中にピッタリ死神のような黒い影が見える場合もある。まあ、「そんなダイレクトに見せないでくれ」とワカは嘆くけれど、体質だから仕方がない。

そういえば、足裏マッサージを行うタイ人の知り合いも、

「足裏ハ悪い気ガ出てくるのヨ。ダカラ、その影響を受けないようにボクたちも気をつけているデス。小野寺さーん、トムヤムクン好き?」

と言っている。最後のトムヤムクンは関係ないけど(まあ、トムヤムクンは好きだけど)。やっぱり、直接人の体に触れて悪い部分を治す仕事をしていると、そんな気の巡りとか、目に見えない流れに敏感になる人が多いのかもしれない。

そしてこうも結論づけたい。

僕が子どもの頃には「霊現象を検証する」的なテレビ番組があったけれど、人によって見え方や感じ方が違うのだから、そういう「僕たちの目に見える領域」「僕たちのわかる範囲」だけで証明うんぬんというのは、まったく意味のないことだと思うのだ。実際、包丁お松もこう言っている。

「結局は、見る人がいちばん認識しやすいかたちで見えるんだべさ。ばーちゃんだってそうさ。あんたたちが、ばーちゃん、ばーちゃんって言うから、あんたたちの目には年寄りの姿で見えるんでねえんかい？　若い頃に知り合ったイケメンには、きっとイケイケのきれいなねーちゃんに見えるはずだべ」と。

いやいや、その若い頃にあったイケメンも今ではじーさんで、霊界でギャルの尻を追いかけてフラフラしてますよね？

そうツッコまずにはいられない。

第2章

魂って死んだらどうなるの？本人に調査してもらった結果

詩子の独白

「もしも生まれ変われるならば、桜の木になりたい」

私はそう思います。桜が満開の日に私は死にました。

あれから人間の世界では3週間ほどが過ぎたようで、桜はすっかり散ってしまいました。

どうやら死んだ魂に時間の概念はないようだけれど、風の流れや天気の移り変わりで季節を感じることができるみたいです。

葉桜になった緑の枝を見ることで、季節が進んだことを感じます。

それにしても桜はどうしてあんなに薄くて小さな花びらなのに、野山や街を美しく染めて人の心を震わせるのでしょう。人間以外の生き物も、桜を見てきれいだと思うのでしょうか。犬も猫も鳥も馬も……この色を、この美しい季節を覚えているのでしょうか。

私は子どもの頃から、もしも魂があるならば桜の美しさはそこに刻み込まれるんじゃないか、と考えていました。

今の私は死んで魂だけの存在になったけれど、それでもこう感じるのは、やはり魂に桜の美しさが刻まれているせいかな、と思うのです。

私は雪降る季節に生まれましたが、私の弟が生まれたのは春でした。弟はとてもパワーのある明るい子でした。誰にでも好かれるのが羨ましくて。いつしかそれが華やかな季節に生まれたからだと思うようになりました。だから命が芽吹く春は、私の憧れです。桜は儚く散っていくけれど、それ以上に美しすぎて、涙がこぼれます。

桜色はいい色、素敵な淡いピンク色。そう言えば赤ちゃんもピンク色で、心臓やハートを描くときもピンク色です。あたたかくて優しい気持ちになる。ああ、わかりました。春は、なんだか優しい気持ちになるから好きなんですね。

そして同時に、私にはなぜかひとつの確信があるのです。それは、

「私はたぶん生まれ変わります。桜が咲く頃に、もう一度」

私が死んだ日は、桜が満開でした。そのひとひらが誰かの尊い命のようで、息が止まるほどきれいでした。

そんな季節に、私はまた生まれ変わるでしょう。

あの桜が咲く頃に……。

ある人の死

身内や近しい人ではないけれど、悲しいニュースというのは嫌だ。ギュッと胸を締め付けるような痛みを感じる。特に共感できるものがあるならば、なおさらだ。

その日、僕たちは痛ましい事故のニュースに触れた。場所は北海道日高の競走馬を育成する牧場。そこでひとりの女性が亡くなった。年齢は僕たちと同年代、家族や子どもはいたのだろうか。記事では詳しくは触れられていない。ネットで見かけた、見逃してしまうような小さな記事ではあったけど、何しろ僕らは競馬や馬が好きで、関連記事ばかりを検索しては閲覧していたから、このニュースが目に留まった。

去年、奇しくもその牧場で生産された馬が、大きなレースに勝った記憶が脳裏に蘇ってきた……。ワカが沈んだ声で言う。

「なんと……何も言えない。事故が起きた牧場って、あの馬の生産牧場だったのね」

「……らしいね。きっと亡くなったこの女性も、あの馬に関わっていたんじゃないかな。だとしたら……レースに勝ったとき、さぞかし嬉しかっただろうな」

「本当よね。あのときは、『突然舞い込んできた幸運』みたいな書かれ方をしてたもん。

あんなに強いのに全然注目されないでさ」

競馬の最高峰レースであるＧⅠ、当然、そこへの出走には、それなりの成績が求められる。勝ったレースで積み上げた賞金や、優先出走権がもらえるレースを勝つなど、厳しい条件をクリアしなければならない。今はもう撤退したけど、僕も20年ほど一口馬主をやっていたからその難しさがよくわかる。まあ僕が所有した馬たちは、ことごとく未勝利で終わり、大きなレースには無関係だったのだけれども。

そのときのレースは、まさに幸運の連続だったと言っていいだろう。

出走頭数に入れず補欠だったにもかかわらず、登録直前で有力馬の一頭が辞退したことにより出走が叶っただけでなく、当日、騎乗予定だった騎手が突然のぎっくり腰で乗れないという緊急事態に、今度は一流のレジェンド騎手がたまたま空いていたことから乗ってもらえることになったのだ。そして、思い切った騎乗で見事に差し切り勝ちを決めた。

すべてがトントン拍子に運んでのＧⅠ初勝利に、生産牧場のインタビューではみんな涙ぐんでいた。騎乗した騎手の、ゴールの瞬間のあのガッツポーズはきっと、いろんな人たちの思いが乗っていたのだと感じた。僕は密かに、嬉しかった。

「あのレースはすごかったわ。奇跡の勝利って沸いてたし、その後は海外にも行ったよね」

「そう、勝てはしなかったけど海外でもいいレースをした。立派だった」

スマホを操作しながら、僕は妻に同意する。ほかにも、この事故について書かれていないだろうかと思いながら。そんな僕をジッと見て、

「ねえ、タカ」

「ん?」

「そういえばおまえさん、学生時代に北海道を旅したんだよね。北海道一周旅行。そのときにこの牧場のあたりは行かなかったの?」

何かを探るように、ワカが聞いてきた。僕は少しだけ、慌てる。だけど、平静を装って何でもないふりをした。

「……さあ、どうだったかな。日高のあたりは馬の生産牧場がいっぱいあるしなあ」

そう答えながら、僕の脳裏に浮かんでいたのは、あの夏のことだった。

僕にとっては特別な時間が流れたあの北海道の旅……。そして札幌で出会ったひとりの女性。その人は生産牧場にいた。僕と出会ったときは、馬から離れていたけれど、またいつか、馬を育成する仕事がしたいと、意志の強そうなまっすぐな瞳でそう言ってたんだ……。

20XX年 4月某日 詩子

少し前まで火の中にいた。

火葬は熱くないけど、それでもゴーッという音の影響なのか、気が遠くなるくらい熱い気がした。

私の身体には銀色の糸みたいなのがまとわりついている。

その銀色の糸は、まるでゴムのように伸びる。なんだろう、これは。

私はいろいろと動いてみたが、あっちに行ってもこっちに行っても、今いる場所に戻ってしまう。

もともと予定になかったこと。だから完全には「上」に行けない。

どうやら私は死んだらしい。

気がついたらここにいた。自分では長生きするつもりだったのに、死ぬなんて思わなかったのに、死んだらしい。またスタバに行ったり、動物園や水族館に行ったりする予定だったのだけれど。そうか、私は死んでしまったんだ。

ああ、私は焼かれてるんだ。こんなところに入れないでと思った。燃やさないで、と言ったけど、私の声は届かない。

2時間ほどして見えたのは、自分の「基礎」。見下ろすと骨。

骨は白くなくて、ところどころが青くなっている。

骨の色を見て家族はびっくりしていたけれど、手術をしたりして金属が身体に残ってる人は、化学反応を起こして青くなるんですよ、と火葬場の人が説明していた。私は子どもの頃、大きなケガで手術をした経験があるからきっとそのせいなんだろう。

やけに喉が渇く。お花が咲いているのが見えたので、そこから雫を吸ってみる。花の香りがして、ほのかに甘くておいしい。

ふと辺りを見回すと、誰もいない。なんだか寂しい。どこなんだろう、ここは。

夕暮れ時のような感じ。そんな場所に今私はいる。

ひとり歩く。誰かを探して。誰かいないの？　このまま誰とも出会えなかったらどうしよう。

……何かが聞こえる。誰？　どこですか？　私はここにいます。

「なんで来た？」

……そう聞こえる。誰かが私に話しかけてくれる。誰でもいい。お願い、私を助けてください。今、そこまで歩いていきます。あ、人影が近づいてきた。独りぼっちだったから嬉しい。誰だろう？

小さい人……おばあさん？

「腹が減ってんのかい。それなら、食うものをイメージしてみるといいべ」

言われた通りに、大好きだった焼き肉のことを考える。牛たん、カルビ、ホルモン。それから、ビールとごはんもイメージしよう。そういえば家族や仲間とよく食べたなぁ。懐かしい。ああ、なんだか満たされたような気がする。

「あんた、なんでこんなに早く来たんだ？　まだまだ先だっただろうに。自殺でもないようだし、帳面を見てもあんたのプロフィールがないべさ。もしかして滑り落ちたかい？」

おばあさんが話しかけてくれる。何を言っているのかよくわからないけど、誰かと話すのは嬉しい。

「時々いんのさ、あんたみたいなのが。それにしても困ったべや。こんなに早く来ても、いく場所がないんだよ。仕方がない、しばらく私のところにいるといい」

いいの？　嬉しい。誰でもいいから一緒にいたかった。

「仕方ないべさ。このままだと本来、死ぬ予定だった日まで独りぼっちでつらいだろ。あんた、私のそばでいろいろと手伝っておくれ。最近、仕事が忙しくて助手を探していてね。面談しなきゃならないと思っていたから手間が省けて助かったよ。それに、クンクンクン……あんたは動物が……特に馬が好きだべ？　匂いでわかるよ。私も馬を飼ってたんだ、ずっとずーっと昔の話だけれども」

ああ、馬。馬は上手に扱えます。だって、ずっと畜産の勉強をしていたんだもの。おばあさんも馬が好きなのね。私は牧場で馬の世話をしていたから、とても嬉しい。

包丁お松、助手を拾う

「と、いうわけで。これからこの子が私の助手になるから、よろしく頼んだよ」

深夜、僕たちが眠っていると、突然現れたばーちゃん改め包丁お松。

桜色のパーカーを着た、僕らと同世代くらいの女性をグイッと前に押し出してくる。

人が寝ているときに突然現れて叩き起こし、そんな宣言をされても、そしていきなり女の人を押し付けられてもと、僕たちもさすがに戸惑いが隠せない。

「い、いや……その……突然そんなこと言われましても」

「ってか、どういうシチュエーション？　マジで」

意味がわかりませんと、目を擦りながら問いかけると、「だから助手を雇ったんだよ、この子。わかるべ」と、もう一度言う包丁お松。まさに強引マイウェイ。生きてるときは、孫に対する優しい印象しかなかったけど、このばーさん、やはりオソロシイ人物だったと改めて認識する。

そんな僕たちのやり取りを見て不憫に思ったのか（なんせお松があまりにも自分勝手！）、ガガが説明してくれた。

「あのだな、おまえらこの間読んだニュース記事を覚えているか？　ほれ、北海道の牧場の……」

あ、あのニュース。

「それが目に留まったのも、必然だがね」

ドキ。ということは……この桜色のパーカーの人は……。

「まさか、牧場の事故で、亡くなった女性……ですか？」

僕の言葉に応えるように、その女性が小さく頷いた。繰り返しになるけれど、僕には見えないし、聞こえない。しかし、話を進めるうえでは、描写を入れていかなければならないので、その場にいるという前提で書かせてもらうことにする。もちろん、霊体と仲介して話すのはワカである。そのことをご了承願いたい。お松が促す。

「詩子や、挨拶しな。私の孫とそのワイフだべ」

……僕の心臓の鼓動が少し速くなる。

「初めまして。私は北海道の牧場で働いていた詩子と申します。ザックリ言うと幽霊です。私、死んでしまったらしいのですが、行く場所がなく彷徨《さまよ》っていたところをこちらのかげろうお銀(ドラマ「水戸黄門」に登場するくノ一)のようなおばあさまに拾っていただきました」

「は、はあ、まあその、おはようございます」

僕はどこを見ていいのかわからず、なんとなく宙を見上げて曖昧に返事をする。

えっと……つまりは、死んでしまったけど行き場がない……と。

でも、そんなことってあるのだろうか?

以前出会った、ある死神の話を思い出してみる。

その死神の名はハーベスト、H氏とでも呼んでくれと言ってたピンクのポンチョにニット帽、ちょっとボロめのキックボードに乗った奇妙なガイコツ姿の死神だ。あんなファンキーな死神がいてはならないと思うのだけれど、現実にいるのだから仕方がない。

H氏の話によれば、死神の役割は死んだ人の魂が迷わないようにあの世までアテンドすることだという。誤解なきように言っておくと、命を奪っていくような死神はごく一部で、ほとんどは死んだ魂がちゃんとあの世へ行くための手伝いをしている。

「ってことはさ、つまりはH氏がサボってる結果じゃないの？ 何やってんのよ、あのファンキー死神。ちゃんと仕事しろってんだ！」

ワカが半分寝ぼけながら、それでも力強く布団をバシッと叩く。あの世へ行けない魂が気の毒じゃないか、と語気を強める。

「ちょっとワカさん、誤解ざんすよ。ミーたちのせいじゃありません。そもそもそちらのレディ、なんと今月のデスリストにないのよ。ガガさんから話を聞いて、ミーも慌てて調べたから間違いないわけ」

と死神H氏が騒ぐ。それにしても、「今月のデスリスト」とはなんとも身の毛がよだつネーミングである。

「とにかく、別にミーたちがサボっているわけじゃないことは言っておくわ。たしかに今、死神業界は人手不足で困っているし、自分たちの予定をこなすだけで精一杯ですけど、衿持を持って仕事しているからサボるなんて絶対にしないざんす」

「あ、そう。そりゃ悪かったわ、ごめんね」

死神の話にワカがサクッと謝る。

「特にミーは災害担当でしょ。かわいそうな魂を慰めながらアテンドするから時間がかかるのよ。人間たちの世界もサービス業や建設業を筆頭に人手不足が深刻だけど、死神稼業も大変なのよ、ヘルプミーざんす！」と言い残し、H氏はキックボードを滑らせて、去っていった。

「……」

一瞬の静寂の後、「つまり」と、僕が口を開くと、

「予定よりも早く来てしまった人間は、初めはひとりなのかもしれぬな」

とガガが言葉をつなぐ。

「今回のようなことはレアケースと言えるだろう。我も黄泉《よみ》の龍神（死後の世界を司る龍神のこと）を訪ねて聞いてみたが、どうも今回はその可能性が高いようだがね」

「珍しいケースということね？　なんでそんなことが起きちゃったのかしら？」

ワカが腕を組んで首を傾げた。霊界も予期できなかった死。そんなことがあるだろう

か？

「誰かの代わりということもあるな。あとは少々酷だが、強引に守護霊がすることもある。定めとは違う道を選ぶほうが、その者のためになるからだ。ごく稀だがね」

つまり、その魂のために守護霊が違う死に方を選択することもあるということか。

「それから、犠牲というパターンもあるらしい。世の何かを変えるため。その場合は、誰が死ぬかが問題だ。いい人間は早く死ぬ、と言われるのもそこにあるがね。とはいえ、いい人間が必ずしも早死にするわけではない。これらは様々な因果が絡んでごく稀に起こりうることなのだ」

なるほど、そんなこともあるのかと僕は納得する。

そして今回のケースは、どうやら1年ばかり死期が早まった結果だという。つまり、この詩子さんは若くして死ぬことは決まっていたが、少しばかり早く死んだために、予定の日が来るまで時間ができてしまったのだ。

「ふーん、そういうことかい」

詩子を助手に雇った包丁お松が、ニヤリと笑う。

「だったら、その予定の日まで私の手足になって働けばいいべさ。いろいろ教えてあげっからさ。それにタカ、あんた物書きなんだから、この機会にいいネタを書けばいいじゃないの」

書けばいいじゃないの、じゃねーし！　と僕は心の中で叫んだ。というか、僕の本のネタはこの際、関係ないだろう。まったく、お節介なんだから。

そうはいっても、やはり本能がうずいた。

だって、死んだ魂がどんな経験をするのか？　どんな経路をたどるのか？　それを死んだ魂からじかに話を聞けることなどまずないじゃないか。知りたい、聞きたい、探りたい。うずく……僕の本能が……うずく。さあ、どうする。すべてそのまま書くのか、ダメだ、それはできない。いやしかし、こんな機会は絶対にない。やはり、逃すわけにはいかない。

だが……本当にいいのか。僕は、瞳を左右にしてワカと幽霊の詩子さんを見る。

誰が、どこまで、気づいている？

僕と詩子さんのことを……。

同じ想いを共有する者たちが出会った

口火を切ったのは、やはり妻だった。

「ねえ、タカ？　よりによって、どうして我が家に来るのかしらね？　あなた、ウタコさんだっけ？」

僕と詩子さんに聞こえるように言う。

「北海道の牧場かぁ。ほかに知り合いもいるだろうし、そりゃたしかに私が見えるひとだからかもしれないけど。偶然うちのお松さんに見つかったからかもしれないけど。なんか、腑に落ちないんだよね」

いちいち心にグサッとくる言葉だ。我が妻ながら、この人はすごい。必ず真相にたどり着くのだ。怖すぎる！

こんな展開になるとまさか逃げるわけにはいかないし、隠しておけるわけでもなかった。

僕はもう、腹を決めた。どうにでもなれ、なりやがれ！

「あの～、詩子さん？」

「はい」

「あのときの……詩子さんですよね……昔、北海道で」

少しの静寂があり、そしてふっと空気が緩む気配がした。

「はい、私です。お久しぶりですね、小野寺さん」

やっぱり。

僕は顔を覆った。やっぱりそうか。彼女だったんだ。

あのニュースを見たときの衝撃がよみがえる。違っていてくれ、同じ名前の違う誰かであってくれと願ったけれど、そううまくはいかなかった。

「タカ、どういうこと？　説明してちょうだい、こちらのきれいな幽霊さんとの関係を」

ワカが不敵な笑みを浮かべて、グイッと来る。グイッと。

「奥さまですね、小野寺さんの」

わわわ、詩子さん！　そこは僕が説明するから、ちょっと待って！

「そうです、私が奥さまです。奥に納まってはいませんし、けっこう表立っていますが、奥さまなんです。おわかり？」

「わかります。やっぱり私とは全然似てない……」

「はあ？　どういう意味？　チビで短足ってこと？」

妻よ、落ち着け。これにはワケがあるんだよ、詩子さんは背が高くて脚が長いけど——そういうことじゃないんだ！　と思いつつ、どこから話せばいいのやらと、もう僕はしどろもどろの状態だ。詩子さんが言う。

「奥さま、聞いてください。実はずっと前のことになりますが、私、小野寺さんとお会いしてるんです。北海道で」

「北海道? まあ、たしかに夫は北海道が好きで、よく行ってたって聞いてはいるけど、あなたとどんな関係が? 別に今さら怒ったりしないから、教えてほしいんだけど。だいたい突然現れてさ、お松さんの助手になったからよろしくとか言われても素性を知りたいでしょうよ、素性を。それがスジってもんだろう」

出た出た、ワカの「それがスジってもんだろう」。これは彼女の口ぐせで、スジが通らないことが大嫌いなのである。

「そうなんです。私もおばあさんに連れてこられてビックリしたんですが、小野寺さんの口からそれを聞かされるまでは半信半疑でした。どことなく面影はあるなあと思ったんですが、あの頃の生真面目な感じに比べるとなんだか少しバカっぽく……いえ、ユーモアっけが溢れている気がしましたから」

う……。たしかに昔の僕はただの堅物だったかもしれない。だけど、普通、逆だろうと思う。若い頃はバカっぽかったけど、オッサンになれば落ち着いたとか、そういうのが一般的じゃないのか? なのに、僕は今のほうがバカっぽいって……ううう、まあ、実際そうだから文句も言えないけど。

「ふーん。じゃ、詩子さんとうちの亭主は知り合いなのね？　あの世に旅立つ際に、うちの亭主に対して何かしら心残りがあったから、霊になってやってきたってわけか。なら、話のスジは通るわね」

ワカが頷く。

その言葉に、守護霊の暁さんに教えられたことを思い出した。誰を守るかをどうやって決めるかについて尋ねたときのことである。

「ある程度は、自分とゆかりのある者を守ることが多いんやよ。そもそも同じ守るのでも、縁もゆかりもない者と自分の子孫では、どちらがやる気が出ると思うね？」

と教えてくれた。

死んだとはいえ、守護霊だってもとは人間だ。もちろんそこには感情的な部分もあるだろう。霊界も人間界と同じで、基本は変わらない。相性がよかったり悪かったり、好き嫌いがあったりする。つまりは霊体とも、縁なのだ。だとしたら、日本広しといえどもある程度は「縁のあるところに現れる」のが当然かもしれない。

しかも話を聞いた限り、詩子さんは途方に暮れて彷徨っていたようだから、心に残るものに引き寄せられ、同じ思いを共有する者たちが出会ったんじゃないだろうか。だから僕のところにやってきた。僕の祖母に出会ったのも偶然でもなんでもなく、無意識の意思として。

「つまりはさ、タカがこの間の牧場の事故をあんなに熱心に読んでいたのは、亡くなった人を知っていたからね？　それがこの詩子さんだったというわけ、でしょう？」

ワカがグイッと僕に迫る。

「ね、ねえ、ワカ？　あのね、別に今どうこうではないんだよ。これはもうずっとずっと昔の話で……」

「けしからん！　なんでこんなに大事なことを黙っていたのよ！」

「だからそれは……」

なんとなく言えなかったんだってば……というのが本音だが、うまく言葉にならない。

「あの、おふたりともどうか落ち着いてください」

僕らの小競り合いを見て、詩子さんが少し慌てる。そして、包丁お松は「うまそうだねえ、このまんじゅう」と勝手にキッチンへ入り込み、まんじゅうを見て喜んでいる、おい！

「私がそんな小さな器に見えるか！　かわいそうじゃないか、詩子ちゃんが。タカがもっと前に私に話しておいてくれれば、彼女はムダに彷徨わずに済んだかもしれないでしょ」

へ？

「だ、だって……」

「人には誰だって過去があるんだよ。過去がないヤツなんてつまらないでしょ。んで？　ふたりは？　つまり恋仲だったの？　さっさと言え」

「まあ、たぶん、もしかしたら……」

妻の強引な問いに、僕は迷った末にほんの少し頷いた。恋仲とまでは言えないけど、何もなかったとも言えない。それをどう説明しようか考えるが、まとまらない。しかし、詩子さんもそんな僕を見て、遅れて頷く。

「はい、たぶん私の片想いでしたけど、少しの間はそうでした」

片想い？　そうだったの？

「なるほどね、やっぱりそういうことか。だいたいさ、いかに包丁お松が強引とはいえ縁もゆかりもないところに、見ず知らずの人の魂を引っ張ってくるはずがないのよ」

そう言ってワカは「うーん」と唸る。

「まあ、タカにも浮いた話のひとつやふたつあっても構わないんだけど、浮いても結果は沈むからますます構わないんだけど……。ひとまず、ゴーストの元カノって扱いでいい？」

意外にも軽く妻が言う。それにしたって、浮いた話を勝手に沈めるのはやめてほしい。僕にだってあったんだぞ、青春が！

「かまいません」

詩子さんが頷く。マジか、まさかの元カノ扱い……そこまでの関係ではなかったように思うけど、どう説明したらいいのかわからないから、とりあえずほっておこう。なるようになるだろう。

「だいたい理解した。あなたは私の夫タカの昔の恋人、詩子さん。この間、北海道の牧場で亡くなった。事故死で。ここまで合ってる？」

「おおむね、合ってます」

「ところが亡くなるのが予定よりも早くて、迷子になってしまった。そこを、うちのおばあちゃん……包丁お松に出会って拾われたと」

「はい、とても助かりました」

何なんだろう、この成り行きは。ワカがどんどん仕切っていく。

「年齢は？」

「昭和50年の12月生まれです」

「なんだ、同級生じゃん。私、51年の1月生まれ」

「ひと月違いですね！」

「兄弟姉妹は？」

「弟がひとり」

「結婚は？」

「しています。高校生の娘がいます」

「あら～……それは無念だったわねえ。ご主人と娘さん残して……」

そんなこんなで僕を抜きに話は進んでいき、最後にはワカがハッキリとこう言った。

「タカ、私は決めたよ。死んじゃったのは気の毒だけど、詩子ちゃんは無意識だったかもしれないけど、うちらを頼ってきてくれたと思うわけ。これは縁じゃん。私たちにできることはやってあげよう」

できることって、何があるんだ？とは思うけど、今の僕はもう頭がこんがらがって、「う、うんうん」と頷くことしかできない。

「話は済んだかい？」

そう言いながら、台所でまんじゅうを食べていた（なんと、霊でも食べられるのか！）包丁お松がノソノソ姿を現す。

「ばーちゃん、一体なんでこんなことになったんだよ？」

思わず声が出る。

「なんでって言われても、そこに詩子がいたから拾ったまでだべ。ワカの言う通り、縁あって出会ったんだからいいでねえか。それとも何か？　タカ、あんたバレて困ることでもあるだか？」

「べ、別に……ねえよ」

僕はちょっとだけすねる。もう、勝手にやってくれ。だけど、内心では少しばかりホッとしている自分がいた。

きっと詩子さんは死に切っていないのだと思う。そもそも自分がこの世にいないという現実に戸惑わないわけがないのだ。事故が事故だけに、すぐさま自分の状況を理解できず、それで戻る肉体もなくなって、きっとどうしたらいいかわからずに寂しかっただろうし、困ってもいたのだと思う。そんなときに、誰かが救いの手を差し出したらそれは嬉しいに違いない。口には出さねど、祖母と妻の気持ちが、なんだか嬉しくもあった。そう、この人たちはこういう生き物なのだ。

「そんなわけで、詩子や。これで正式に私の助手になったわけだべさ。しっかり仕事をしておくれよ。うちの孫夫婦は幽霊物書きやってっから、死後のいろんなことをちゃんと教えてやっておくれ」

「はい、お松さん、タカさんの奥さま、ありがとうございます。しっかり頑張ります」

詩子さんは心底ほっとしたように言う。

なんだろう、やるべきことがはっきりしたせいか、少し元気になった気がする。

聞けば彼女は、せめて娘さんが成人するまでは一緒にいて、お祝いしてあげたかったとのこと。歳の離れた弟とお母さんと一緒に、旦那さんが経営する牧場で働いていたこと。旦那さんとは様々なことが重なって、結婚する前から長く一緒にいた、いわば幼馴染みだったことを教えてくれた。

「なんともやるせないわね。ご家族はさぞ、悲しみに暮れているだろうに……」

ワカがつらそうにため息をついた。

「とはいえ、私たちにはどうしようもないし。まさか、ご家族に、詩子さんの霊がここにいます、なんて言えないしねぇ」

「そりゃそうだ。それじゃ、ただのヤバい人になっちゃうだろ。それに、信じたとしても、家族のもとでなく、こっちにいるっていうのも……」

僕は即答する。さすがにそれはできない。うん、絶対にできないよ。

「お松ばあちゃん、ちょっと聞きたいんだけどさ。1年後には詩子ちゃん、ちゃんとあの世に行けるのかしらね？」

「わかんね。だって、私もこんなこと初めてだべさ。時間が来たらあの世に行くのかどうかは、正直知らねえんだ」

「なるほど……。じゃ、今はとにかく、詩子ちゃんが無事にあの世に行けるよう頑張るしかないってわけね。よっしゃ」

気合を入れる妻。それにさ、とワカがニヤリとして僕を見る。

「以前の『うしろのおしず』では、おまえさん、私の過去のロマンスをネタにしたじゃん？　不公平だよ、私ばかり。次はタカが自分の過去をさらけ出す番じゃん？」

「ほほほ、そらおもろいねえ。わっちも協力しますよ」と守護霊の暁さんが割り込んできて、とんでもないひと言を加える。

「勘弁してくれ、僕の昔のことなんてどうでもいいんだ！　というか、まずは魂の行方をね、知ることのほうが大事じゃないか？」

「小野寺さん、私とのことはやはりどうでもいいんですね？　私は小野寺さんが好きだったのですけど」

まさかの詩子さんからの告白、そして加勢、マジか‼

そんな僕の胸の内をよそに詩子さんは、決意したように深く頭を下げた。

「皆さん、どうかご協力をお願いします。小野寺さん、私のことを書いてください。私は死んでしまったから、もう前に進むしかないんです」

割り切ったと言えばいいのか、腹を据えたということなのか、そう宣言した詩子さんに迷いは感じられなかった。

いや、しかし……。

不思議なお話を楽しんでもらうだけのつもりだったが、まさかの自分の過去を掘り起こすことになってしまうとは。

うーむ、書いている自分にも展開が読めなくなってきた。

こんなことはかつてなかった。しかし、物語はすでに動きだしてしまったのだ。

「私は死んでしまいました。だから、前に進むしかないのです」

こう宣言をした、ひとりの女性の心に触発されたのは事実である。そう、進むしかないのだ。人生は前にしか進めない。

僕はもう、見えない何かに操られながら、この本を最後まで書き切るしかない。

1998年・夏　北海道

（タカ）

その頃、僕は23歳で、山形大学の大学院生だった。

そこの学部時代に競技スキーをやっていたので、北海道には毎年の合宿や大会に出かけていたのだが、それは常に冬の話で、あの雄大な北の大地に出向くたびに、いつかは緑が輝くキラキラした暑い季節にこの大地の空気を感じたいと思っていた。

田舎の港町で育った僕だけど、どういうわけか海が得意じゃなくて、雄大な山や、どこまでも広がる緑の大地に想いを馳せるのが好きだった。土と草木の匂いに癒やされて、大地に咲く名も知らぬ花を、ただ見るのも好きだった。そして、生き物も好きだった。

僕が生まれた家では、家族はあまり動物好きではなかった。ただ、祖母だけは生き物が大好きで、隣の家で雑種のタロという犬を飼ってかわいがっていたのだけど、祖母が歳を取って散歩に連れていけなくなってからは、ほとんど僕が面倒を見ていた。

今みたいにドッグフードなんかがある時代じゃなく、残ったごはんに魚や味噌汁をかけた、とても現代では考えられないごはんをあげていたのだけど、なんていうか「そういう時代」だったのだ。

そんなふうに、いろいろと混ざったごはんをタロに持っていくのも、僕の役割だった。学校が終わると散歩に連れていったし、体が汚れたときは庭の水道でワシワシと洗ってあげた。タロは普段は犬小屋にいたのだが、器用にすぐそばの大きな蔵の脇を掘って抜け道を作り、勝手に蔵の中に入って過ごしたりもしていた。その蔵は、かつて僕の祖父がばん馬(車やそりを引かせる馬)を飼っていた馬小屋で、もう馬はいないのに中に入るといつも草のような匂いがしたのを覚えている。

祖父の先祖は大地主で、田んぼも畑もたくさん持っていたと聞いているから、ばん馬も何頭かいたらしい。小さい頃、近所のお年寄りから、

「かずたかくんや、あんたのおじいさんは馬を扱うのがうまかったんだよぉ」

と聞いたこともあった。そんなわけで、僕はそれまで馬という生き物に接したことがな

かったけれど、馬にまつわる場所で育ったのである。

高校を卒業すると僕は田舎を出た。東京の予備校に行ったのだ。本当は医者になりたくていろんな大学の医学部を受けたけど、ダメだった。けれども、どうしてもあきらめたくなかった僕は、東京に出ることにしたのだ。……ということにしているが、本音を言うと、実は早く田舎から出たいだけだった。いや、もちろん故郷は好きだし、愛情も懐かしさもあるのだが、なんというか、そこには僕の居場所はないような気がずっとしていた。早く大人になりたいという気持ちもあったし、どことなく窮屈な思いをする場所から、広い世界に出ていきたかったのだ。

ただ、勢いよく出ていったはいいものの、18歳の田舎者には東京という大都会は刺激的で、誘惑も多かった。

予備校生であるというのに、楽しそうなことや行ってみたい場所、そして女の子と少しくらい遊んでみることは、今だから言うが、正直、した。

親は、真面目に予備校に通っていると思っていただろうけど、それなりに青春を謳歌していたのである。18歳の男だ。机にかじりついて受験に必死になるよりかは、そのほうが健康的だと思って許してもらえればありがたい。もちろん受験勉強は人一倍した。

ただ、途中で「医者になるのは自分には無理なんじゃないか」とも思い始めていた。僕は動物が好きなので、医学のための動物実験に耐えられるか、疑問に思ったのである。周りの予備校生たちも皆、医者が目標だったから、よくそんな話になった。だけどその都度、

「でも、人間の命を救うにはやっぱり動物で実験しないとどうしようもないだろう。オレだってしたくないけど、医学の発展には必要なことなんじゃないか？」

そんなことを話し合ったりしたものだ。「医者になること」＝「動物実験」なんてことは決してないのだけれど、やっぱり動物実験は……正直、嫌だなと思う。

そんな感じなので、やっぱり迷いがあったのだろう。次の年も僕は見事に、すべての大学の医学部を落ちた。つまり、向いてなかったということだ。だけど、工学部には無事に受かった。かくして僕は、山形大学の工学部に入学した。

そして、それはたぶん正解だった。命と向き合わない学生生活は、ある意味で気楽だった。勉強は嫌いではなかったし、また、負けず嫌いだったから、大学には真面目に通った。そして、競技スキーに夢中になり、一生の友になるような仲間たちと出会い、技術を切磋琢磨したのだ。バイトをしてお金を貯めて、みんなで北海道にも行った。よく行ったのは

幌加内《ほろかない》だった。ほろたちスキー場というところで、練習をした。北海道の中でもそこはものすごく寒いところで、濡れたタオルが一瞬で凍ってしまったり、鼻水がツララになって、互いの顔に大笑いしたりした。本当に体験したことのない寒さで、「なんだよ、この寒さ」なんてみんなでハチャメチャをしながらも、本当に楽しかった。安い公共の温泉もあったから、そこで体を温めたりして。一体どうして若いときというのはあんなことでバカバカしい大笑いができるのだろう。

そして、妙にバターが美味しかった。あれは極寒だからなのだろうか。宿舎の食堂ではバターの塊だけは自由に食べられて、炊き立てのごはんにそのバターをのせ、醤油を垂らすと、悪魔的にうまかった。じんわりとバターの脂が体内に染み渡り、何杯でも食べられたからやっぱり若かったのだろう。そんなことを毎年繰り返し、僕はいつしか、夏の北海道を味わってみたいと思うようになっていた。

かくして大学を無事に卒業して、大学院に進学した最初の夏に、僕はひとり北海道に旅をした。父親から譲り受けたオンボロの中古車で仙台から苫小牧までフェリーで渡り、およそひと月、北海道を満喫した。いや、正式にはフラフラした。特に当てはなかったのだけれど、自由なひとり旅というものをしたかったのだ。

北海道はとてつもなく広く、また、とてつもなく美しかった。夏の北海道があんなに美しいとは、実際に行ってみないと想像がつかないだろう。

雄大な大地が緑に染まり、道はどこまでもまっすぐだった。僕の人生の道も、これからこんなに見晴らしがよければいいのにと思った。

まだ、将来のことを迷っていた。もともとは医者になりたかったけれど、医学部にさえ入れなかったのだから何かほかの道を探さなければならなかった。

大学院生だったけれど、自分の1年後のことすら考えられない。多くの若者と同じく、僕も自分がどこに向かっていくべきか、わからなかった。

今考えれば、とても懐かしく思う。そして、こうも思うのだ。みんな夢を持たなければならないと思いがちだけれど、夢なんて特段持たなくてもいいんじゃないかな。それは、別にそんなことを思うことがムダなんじゃなくて、毎日を生きていればやがて誰かに、何かに出会うからだ。

そして、夏の北海道で、その人に出会った。

（詩子）

とにかく怖かった。恐ろしかった。

男の人の暴力は嫌だ。父が暴れて母を殴る光景を、その頃小学生だった私は、まだ赤ちゃんの弟を抱えながら、ただ見ているしかなかった。弟が激しく泣く。抵抗したかった。だけど、以前に反抗したときに、父にお腹を思いっきり蹴られて、動けなくなってしまった。その後も、何度も何度も叩かれた。そのとき弟を身ごもっていた母は、もっともっと殴られた。それからは何もかもが怖くて体が動かなくなり、部屋の隅で体を小さくして、ただ怯えていることしかできなかった。

父は、いつも何かに腹を立てているようだった。

祖父から引き継いだ小さな牧場の経営がうまくいかないことに腹を立て、馬が売れないことで荒れ、借金取りにペコペコしたと思ったら、たまにやってくる見学客が気にくわないとグチを言い、知り合いの牧場が高値で馬を売ったことをひがんでは暴れた。誰かの人生がうまくいくことを憎み、まるで水みたいにお酒を飲み、そして鬱憤を晴らすようにまた母を殴った。

母は、出ていってしまった。父が隣町に出かけた日に、弟を抱えて、そしてわずかに預金が残る通帳と自宅にある金目のものを持って。私は「お母さん、どこに行くの？」と聞いたけれど、母は泣き笑いのような顔をするばかりで「ごめんね、お母さんはもう無理だから」と言い残して。母と弟がいない部屋で、私は途方に暮れた。

帰宅した父は、狂ったように怒り、母を追いかけて家を飛び出した。あまりに慌てたものだから、飛び出した勢いで道につまずいて転び、頭を強打した。苦しそうにうめく父を見ながら、「きっとバチが当たったんだ」と思ったが、どうしてか悲しくて泣いてしまった。父は頭を打ったはずなのに、なぜか胸を押さえていて、あとから知ったのだけど少し前から心臓が悪かったらしい。

私が大泣きするのを近所の牧場の高橋のおじちゃんが見つけ、慌てて救急車を呼んでくれたけど、間に合わなかった。人間ってこんなにあっけなく死ぬのか、とビックリするほど父はポックリ逝ってしまった。

どうやって母に知らせたのかはわからないけど、その夜のうちに母と弟は帰ってきた。母はどうしてか私を抱きしめてワンワン泣いた。父が死んで悲しいのか、それとも自分の家出が父の死のキッカケになったことで罪悪感でも感じているのか。もしかしたら……もしかしたら、自分たちを苦しめた男が死んで心の奥で安心しているのか……それはわからなかった。

その後、うちの牧場は懇意にしていた高橋のおじちゃんがしばらく手伝ってくれていたが、もともと経営が危うくなっていたこととも相まって廃業を余儀なくされた。馬たちが高橋のおじちゃんの牧場に全頭移ることになってホッとした。

（タカ）
北海道を放浪するのは、本当に当時ならではのものだった。学業の合間にやっていた家庭教師、夏休みに働ける学校のプール監視員のアルバイト（これがけっこういい小遣いになって、田舎の国立貧乏学生には本当に助かった）で貯めたお金を握って、日々を過ごしていた。風呂はあちらこちらに湧いている公共温泉があったし、車も当時は道の駅のパーキングに停めて、車中泊が当たり前にできた時代だった。夕方になるとその日の旅は終わり、近くの寝床を探す。いい感じの道の駅や広い駐車場があるとそこに車を停め、シートを倒して体を横たえた。道の駅には温泉があったりするから、タオル一枚と簡単な着替えを持ち、熱い湯を浴びて一日のドライブの疲れを癒やした。洗濯物は溜めておいて、都市近郊にある、古びたコインランドリーをフル活用した。

車で寝ていると、窓から見える深い藍色の夜空が本当にきれいだ。この空はどこまでもつながっているのだなあと思った。夜になると僕の一日は終わり、まぶしい日差しで目が覚めて、朝5時頃には毎日活動を開始していた（夏の北海道の夜明けは早かった！）。50歳になった今となっては、「よくできたよな、あんなこと」と思うが、つまり金はないが時間と体力だけはたっぷりあるという、何よりの証しなのだろうと思う。

そんな旅の途中で、僕は知り合いに会うために、数日間だけ札幌に行った。大学時代にお世話になった先輩で、同じ工学部に在籍していたが、結局は自分の実家の家業を継いでいた。「一体何のために大学に行かせたのかわからねえ」と親父さんに嘆かれつつも、ちゃんと実家の飲食店を手伝っているような人だった。僕が「この夏、北海道をひとり旅しようと思うんすよ」と連絡をすると「おお、だったら札幌にも寄れよ。案内してやっから」と言われ、図々しくも立ち寄ったのである。

北の繁華街・札幌は凄まじく都会で、数日前までいた十勝や日高の大草原とはまるで別世界だった。ネオンがきらめいて、赤や青や黄色や、信号機みたいな光が溢れていた。すれ違うお洒落な人たちからはいい匂いがして、シャンプーなのか石鹼なのか、香水なのかわからないけど、まったくもって都会の人というのはどうしてあんなにいい香りをさせているのだろうと、今でも思う。

果たして、再会した先輩は、僕にたらふくジンギスカンを食わせてくれ（安い店だったが、腹がいっぱいになれば満足だった。これが若さというものか）、おまけに味噌ラーメンを振る舞ってくれて、ついでにススキノの小さなパブにも連れていってくれた。

「いや、先輩、もう腹いっぱいですよ。それに僕、そんなにお金持ってないんでここはちょっと」と言うと、ジンギスカン屋で酔った先輩はゲラゲラ笑って、

「いいじゃねえか、金なんか要らねえよ。一杯飲むだけだ、馴染みのチーママがいるんだよ。な？　ちょっとだけ付き合え」と言って、僕の腕を強引に取った。

入ってみると、扉の向こうは女性が４人いるありふれた飲み屋だった。どの子も少しだけ派手なスーツやワンピース姿で、僕が恐れていた、特段露出度の高いキャバクラ嬢のいる店などではなかった。こう言ってはなんだけど、その先輩は少しはっちゃけていて、大学時代から安いキャバクラなんかでよく遊んでいた。僕はそういうのがあまり得意じゃないんだけどなと思いつつ、先輩に逆らえない気持ちもあったので、なんだか安心した。

おしぼりを持ってきた女の子が、「いらっしゃいませ」と笑う。その子の笑顔がすごく自然で、桜色の爪に目が行く。それは短く切られてシンプルな淡色のマニキュアだったけ

ど、とても印象に残った。こんなお店にいるのに、短い爪が珍しいなと思ったことを今でもよく覚えている。その指から手渡されたおしぼりはひんやりと冷たかった。真夏の暑い夜の中で、まるでオアシスのように感じられて、なんだか少しホッとした。

彼女の顔を見る。ショートカットに真ん丸の目、長い手足。とても健康的に見えるのに、なぜか笑顔が儚げだった。


（詩子）

今夜のお客さんは、少し変わった人だった。常連の中本さんの連れだったけれど、あまり話をしないし、お酒もチビチビとしか飲まない。東北から旅に来た学生さんらしいけど、きっと親のスネかじりのボンボンなんだろうな。

夏の間、北海道を旅するなんて、お金があるからに決まっている。でも、なんとなく悪い人ではないように思う。偉ぶったところや自分を大きく見せようとする尊大な態度もない。夜の店で働く女をさげすむ男もいるけれど、その人はそんな目を一度もしなかった。口では「立派な仕事じゃないか」なんていう男も多いけど、心の底はそんなこと思ってやしない。男に媚びを売って金をもらうんだろ？　と私たちを見下している。そして、粘っこくて臭い息を吐き、手を変え品を変えおべんちゃらを言い、あわよくば女をモノにしようとする。金さえ出せばいいように扱えると思って。

私が「何を飲みますか？」と聞くと、「あ……ビールを。洋酒が苦手なのでビールをください」と言って、たった一杯のビールをちびちびと飲んでいた。おつまみの柿の種をポリポリ齧り、珍しそうに店の中を見回していた。

「学生さんですか？」と私が聞く。「あ、一応、学生です。院生ですが」と彼が答える。

「院生……ってことは大学院？　へえ〜、頭いいんだ！　すごいですね」

「いや、一浪してるし、それで医学部落ちたんで、劣等生です」

「医学部？　落ちてもすごいよ〜、私なんて中卒。高校、途中でやめちゃった。その後で、いろーんな仕事したの。で、今はこの仕事」

私は笑いながら、グラスを口に運ぶ。そう、高橋の家の牧場も経営難に陥り、やがて競売にかけられた。私が高校2年のときだ。中学生のときから経営がうまくいっていないことは、なんとなく空気で感じていた。だけど、なすすべがなかったのか、世の中を甘く見ていたのか、それらをきっとスルーしていたのだと思う。あるとき、裁判所からものものしい書類が届いた。その後、少しして牧場に執行官と不動産鑑定士という人たちが来て、無機質な表情で牧場を調べていった。

高橋のおじさんとスタッフとして手伝っていた母は、出ていってくれと文句を言ったが、どうやらそれは公務の執行妨害になるようで、結局はただ黙ってスーツを着た不動産鑑定士たちを見ているしかなかった。

私はそんな大人たちを情けなく感じて、厩舎の馬たちの様子を見にいった。

厩舎では、馬たちが不安そうにいなないていた。それは、自分たちの運命を握るのは人間であり、決して自分たちの好きなようには生きられないのだ、自由になんて生きられないのだ、という自らの運命を嘆き悲しむような叫びに聞こえた。そこにいた高橋家の高校3年の息子、智也と一緒に「これからどうなるんだろうね」と、不安な言葉を交わした。

彼は卒業後、この牧場で働くことになっていたから就職活動はしていなかった。でもやっぱり、馬に関わる仕事をしたいと言っていた。私も同じ気持ちだった。

そしてふたりはお金さえあれば、と思った。お金さえあれば、借金なんか返せるのに。お金が欲しかった。お金を手に入れるためなら、学校なんかに行ってる場合じゃないと思った。

私は牧場を守りたかった。

結局、高橋牧場は別の人の手に渡ったが、母と私、そして弟は温情でそこに置かせてもらったから、文句は言えなかった。

「馬が好きなんですか？」

ふいに学生さんが言った。

「え？」

「その首飾り……馬蹄形だから」

私は自分の首元に手をやる。

「くび……やだ、古風。首飾りだなんて」

「あ、ネックレスか。それともペンダント？」

「これね、母から受け継いだんです。うち、牧場やってたんだけど、いろいろあってダメになっちゃって。母も心労で」

競売になり、牧場が人手に渡ってから、母はすっかり弱ってしまった。牧場を取られてしまったのが、ことのほかこたえたらしい。高橋のおじちゃんも持病の糖尿病が悪化し、長い治療の果てに合併症を起こして死んでしまった。

「牧場か……札幌に来る前にあちこち回りました。僕、動物が好きで、特に馬は大好きなんです」

遠慮がちに院生の坊ちゃんが言う。私は、彼にビールを注ぎながら返す。

「いろいろあった牧場。ほーんといろいろあって……。母ってわからない人だったんですよね。小学生のときに実の父が死んで、まあ、暴力を振るうひどい男だったんですけどね。母はなんであんな男に惚れたのか、今でも不思議。父が死んでから母は私と弟を女手ひとつで育ててくれたけど、私もなんとか自分で稼ぎたくて、この世界に飛び込んじゃって」

「そうなんですね」

「でも、夢があって」

「夢？」

彼が私を見る。真っ黒な大きな瞳。

「よければ聞かせてください、夢の話」

そう、私には夢がある。誰も本気にしないし、ハナからバカにする壮大な夢。言えば必ず、無理無理と言われるから誰にも話してこなかった。だけど、なんでだろう。今、少しだけ話したい自分がいるのが不思議だ。

「いつか……」

「いつか？」

いつか……あの牧場を取り戻して、もう一度馬を育てる仕事がしたい。馬の匂いや蹄の音、いななきが私は大好きなんだ。私が生きる場所は、たぶんそこしかない。

「牧場を……」

「牧場か。あなたは本当に馬が好きなんだ、素敵じゃないですか」

「……やだ、私、何話してるんだろう。初めてのお客さんに。あ、忘れてください。ね、飲もう？　それとも歌う？　カラオケ、いきますか？」

私は努めて笑顔をつくった。

結局、彼は何も歌わずに、先輩だという中本さんとママのデュエットに軽い手拍子を取っていた。いつ帰るの？と聞いたら、もう少し道内を車で回ってから東北に帰りたい、と言っていた。じゃあもう会えないね、今日が最初で最後かも、と言ったら、そんなことはわからないと真顔で言うのでびっくりした。もしかしたら、北海道のどこかで再会するかもしれないし、もう一度店に来るかもしれない。日本なんだから、同じ国に住んでいるんだから、いつかどこかで再会するかもしれない、今じゃなくても遠い未来のどこかで会うかもしれない、と真顔で言うのだ。そして、あなたはまた馬と関わりがありそうな気がする、きっとできるから頑張って、そう言った。

「僕、そういう勘、当たるんですよ」

だといいね、と答えながら、私はなるべく気持ちを込めない立ち振る舞いに努めた。どうしてだろう、ただの一見さんなのに。彼は強烈に、私の心に温かい印象を残していった……。

ずっとずっと暗闇の中で暮らしてきた毎日だった。これまでも、そしてこれからも、それがずっと続いていくのだろうと思っていた。

そんな中でなんだか、この坊ちゃんが希望の光に見えた。

何言ってるんだろう、私。この世に光なんてないのに。仮にあっても、どうせ闇に葬り去られるのに……。

期待しちゃいけないんだ、期待しちゃ……。

（タカ）

もしも、運命というものがあるならば、今夜がそうかもしれない。

なんだろう、この感覚は。これが一目惚れというものだろうか？ 恋というにはあまりにあっさりとしすぎているかもしれない。こう言ってはなんだが、僕は強烈に人を好きになった経験がない。誰かを好きになるにはエネルギーが必要だと思っている。恋というのは、自分の中にあるエネルギーを燃やすことで、しかもそれが報われるかなんてわからない。片想いという言葉があるくらいだし、自分の想いが相手に正しく届くかどうかなんて誰にもわからないのだ。

僕にはそんな、賭けのようなことに費やす力は、どうにもムダに思えてならなかった。人を好きになれば傷つくし、犠牲にしなくちゃいけないことだってたくさんある。僕は僕を生きていきたいし、僕は誰の人生を生きていくこともできない。

ただ……それでもいつか自分も誰かと恋に落ちることがあるのかもしれない、なんて思ったりもする。もしもそんな誰かに出会えたなら、僕は相手のことを深く想うことができるのだろうか。たとえ自分のことを犠牲にしても、ただ相手を守りたいとか、相手の幸せを願うとか、そんなドラマのようなカッコいいことを思える男でいられるだろうか、なんて妄想したりもする。実際の僕は自分のことしか考えられない、自分勝手な男だと思う。女の子と適当に遊ぶことはあっても、心までは持っていかれたことはない。いや、それほどの女の子にはまだ出会っていないだけなのかもしれない。朝も昼も夜も、それこそ相手のことが頭から離れず、まるで僕の心に巣食うように、だんだんと僕を侵していく女。もしも、そんな誰かに出会えたら、僕はそれだけで自分のことを英雄だと思えるかもしれない。

実を言うとあの後、僕は先輩と別れてからもう一度彼女の店に戻った。どうしてか、戻ってしまった。お店のママはビックリした顔をしていたけれど、合点がいったように「ウタちゃん、さっきの坊ちゃんよ」と詩子さんを呼んだ。彼女は心底驚いたような顔をして、その後で笑い、僕の腕を取って外に出る。

僕は、夜の街の花屋で買った一輪のピンクのバラを、彼女に渡してこう言った。

「いろいろあるけど、嫌なこともあるけど。きっといいことがあるから、生きていれば素敵なことに出会えるから……頑張りましょう」

なんて鈍くさい台詞を吐いたのかと今では思う。

もう少し気の利いた言葉が出なかったのかとも思う。

だけど、あのときの僕は、これが精一杯だったのだ。

ふいに詩子さんの目に涙が浮かんで、彼女はしゃがみ込んで泣き出した。どんな涙だったのかはわからない。僕は彼女に触れていいのか、そんなことすらわからず、きらめくネオンの中で、その片隅で、ただ彼女を見下ろしていた。

それはほんの少しの間だったのか、それとも長い時間そうしていたのかは覚えていない。だけど僕にとっては、世界中の時が止まったかのように感じた……。


もしかしたら、あの人がその相手なのか？　だとしたら……いやわからない。だけど、あの人の儚げな笑顔を思い浮かべると、胸がかすかに痛んだ。


つまるところ、僕たちの出会いはこんな感じだったのである。

しばらくして僕は山形の大学へ戻り、毎日を学業とアルバイトで過ごした。何年かがたち、彼女も念願の牧場の仕事に戻ったのかもしれないと勝手に思っていた。ただそれは、若かりし日の短い夏の思い出。僕にだって、こんな甘酸っぱい思い出があったんだぞと、そう言えるほどの小さな秘密。

きっとお互いに歳を取り、伴侶となる人に出会い、それぞれの人生を送っているのだろう。

いつしかそんな想い出も忘れ、日々訪れる新しい出来事に追われながら、毎日を一生懸命に送っていく。そういうはずだったのだ。

それがまさか。亡くなった魂として再会し、レポートしてもらうことになろうとは。


現実は小説よりも奇なり。

詩子レポート1　魂が死んだあと

私が死んでから、ずっとひとり取り残されたみたいになっていました。辺りは夕暮れ時みたいな雰囲気で、そこにポツンとひとり。

後からアテンド役の死神さんとお会いすることができましたが、

「悪いけどアンタ、ミーが連れていってやれる場所はまだないざんすよ。しばらくはここで、誰かの人助けでもしているといいわ。そのうちチャンスが訪れますから、それまでグッと辛抱で待つざんす。幸運を祈るわ」

そう言い残すと、チャリーンとベルを鳴らして自転車でどこかへ行ってしまいました。

こっちの世界にも自転車があるのですね。そして、何より死神らしくない死神でした。もしくは私たち人間が勝手にイメージしていた死神の姿のほうが間違っているのでしょうか。

とってもファンキーで親切な、ガイコツさんでしたから。

だけど、生きていた世界の様子は見ることができました。きっとまだ、あの世へ行けてないからなのでしょうね。普通に死んだ人でも、自分のお葬式あたりまでは見ていける場合が多いそうです。亡くなり方は人それぞれなので、自分の死を認識できないでいる魂も多く、そんなときは自分のお葬式で悲しむ家族や知人たちの姿を見せるのがいちばん効果的とのこと。

あ、今の話ですか？　先ほどのファンキー死神さんが教えてくれました。けっこう、親切に私の疑問に答えてくれたんですよ。

ただ私にとって、自分のお葬式はとても憂鬱な時間でした。たくさんの人が来てくれて、泣いている姿を見ていると罪悪感でいっぱいです。大切な人、尊敬している人、大好きな人、みんなが泣いている。私がみんなを悲しませている、泣かせているんだなと思いました。私はそんなことしたくないのに、大好きな人たちには笑っていてほしかったのに。喜んでいる笑顔が見たくて私は頑張ってきたのに。

自分が家族のことで悲しい思いばかりしてきたから、その分、人を喜ばせたいと思って生きてきたのです。誰にもあんな思いをしてほしくないと思って、私は頑張って生きてきた。

もちろん、これまでお金のためにやりたくもない仕事をしたり、飲みたくもないお酒を飲んだりもしたけれど……そうした中にも楽しい思い出や嬉しい出会いがありました。どんなときでも目の前の人に喜んでもらおうと接していると、いつしか相手の喜びが自分の喜びになると思えるようになったのです。

なるほど、上に行き切れない魂は、こうして世の中を見ることができるのですね。

魂になると時間の感覚をあまり感じません。それは肉体という物質がないからかもしれませんね。肉体があると感覚があります。暑いとか寒いとか、腰が痛いとか膝が痛いとか。それを感じられるのも肉体があるからです。そして時間という概念が生まれるのも。

だけど風の流れや景色の移り変わりで、季節を感じることはできます。桜色がなくなって緑色になって、季節が進んでいることを感じます。

そのうちにみんな私の話をしなくなって、私が存在したこと自体が忘れ去られるかもしれません。

だからやっぱり生まれ変わるなら、桜の木がいいです。

一年中そこにいるのに、いつもはみんな気づかない。だけど一年に一度だけ華やかに花を咲かせる。みんなが待ちこがれる春に。

「私は秋が好きなんだよ、紅葉がきれいだべ。あとは食べ物がうまい。んだんだカズタカ、まんじゅうの話を盛り込んだらどうだべ？」

「いや、まんじゅうの話じゃねーし！　ってか、そもそもばーちゃんの話じゃないから。詩子さんに、死んだ魂の行く末をレポートしてもらってるんでしょ⁉」

包丁お松の発言に、僕はきっぱりと言い放つ。

「いやいや、タカや。包丁お松の言う、まんじゅうがうまいというのも一理あるかもしれんぞ。やはりグルメも読者受けするジャンルのようだしな。龍神ガガ、らーめんを食レポするというのも悪くないがね」とガガ。

「だから、違いますってば」

ガガまで一緒になって何を言いだすんだ、と僕はなんとか場をまとめようとする。

「自分からレポートを振っておいてなんですが、私は北菓楼のスウィーツが好きでしたね。六花亭もオススメです」

「詩子ちゃんは北海道だもんね。あっちは乳製品がほんと美味しいのよ。帯広で食べたチーズなんて最高に美味しかったわ」

と、なんかレディたちが盛り上がっている……。いやいや、違う、違うぞ。

「あの、皆さん。とりあえず霊界レポートの話をしませんか?」

と切り出す僕の提案に、

「何よ、せっかく北海道グルメで盛り上がってたのに」

「まったくつまらんヤツだがね」

「うちの孫は頭が固いべ」

「グルメの話も聞きたいざんす」

一斉に非難の声が上がる。なんか最後にひとり、余計なのが交ざっている気がするが。

「えーと、まとめると」

僕はうるさい連中はほっておいて、霊界レポートをまとめようと試みる。

魂は通常、死んで肉体から抜け出すと、アテンドする死神が迎えにやってくる。そして、葬儀が終わるまでこの世の様子を見させられて、自分の死を受け入れてもらうことでスムーズにあの世へ行くことになる。

しかし、ガガさんが黄泉の龍神から教えてもらった通り、なんらかの事情で早くに死んでしまった場合、つまり予定外ではあるけれど霊界の判断で早めに肉体から離脱した魂は別の経路をたどることがある。この場合の魂の経路はケース・バイ・ケースということだ。

そして魂にはその瞬間から、時間という概念がなくなる。肉体がないから「老いる」ことがなくなるのだろう。ただ、季節を感じることはできるらしい。この感覚は、同じく肉体を持たない神様や龍神など、いわゆる目に見えぬ存在にも共通すると考えることができる。

時間という概念は、以前ガガが言ってた「人間界と我々龍神とは、時間の感覚が違う」という言葉と一致する。肉体を持たなければ老化などという経年で変わるものがないから、気にする必要はない。けれど、季節の移り変わりは感じるから、神様とのコミュニケーションを密にするうえで、古来より日本人は季節ごとの行事を大切にしたということなのだ。

春は長い冬を超えて温かくなる季節、草花が芽吹く生命の喜びを感じる桜色の季節。夏は新緑を感じながら太陽の下、海や川、山という自然を感じる緑の季節。秋は木々が紅葉に色づき、稲穂がたわわに実る金色の季節。冬は雪に閉ざされ、ジッと春を待ちながらも新たな年を迎えるスタートの白い季節。

そんな見えざる世界と感覚を合わせて日々を生きる日本人は、霊界から見ても理にかなった民族だと改めて感じる。

詩子レポート2　霊界日本地図

私もこんな……つまりは「死んで魂になっている世界」は初めてなので、まずはいろいろ知らなければと思い動き回ってみました。すると、「霊界日本地図」というものがあることを理解しました。

日本全国の、連綿と積み重なってきた歴史が作り出したといえばいいでしょうか。あるいは、そこに息づく人々の念の積み重ねとでもいうのでしょうか。その地域ごとに土地の発するエネルギーにも違いがあることがわかりました。

あえて、詳しい地名は言いませんが、様々な性格の土地があるようです。

死霊がとても多い土地は、亡くなった人を供養するお寺が多いことが要因かもしれません。特に霊場巡りをする方々が多く、お地蔵さんがたくさんいらっしゃるところ。そんな地域性で、亡くなった人の霊が集まりやすい土地があるようです。おそらく成仏を願ったりするので、死んだ魂も集まりやすいのでしょう。

また石が積まれているところは、呪術的なものを感じます。古くからの信仰の痕跡のある遺跡の多い地域だと、今なお、そのような呪術の影響を受けていると思うのです。

古くからの都では意外と人の気を感じられず、すっからかんです。人間よりもむしろ、古くからの霊体とか妖怪の類い、そんな存在がうごめいているのを感じます。

また、血の匂いがとても強い地域もあります。戦が多かったのでしょうか。でも日本全土で、争いごとがなかったところはありませんから、きっと後世にまで念が残るような骨肉の争いや壮絶な死、無念の死などが多かったのだと想像します。

それから、火の気がとても強い地域があります。同時に人の気も多く感じます。大都会だからでしょうか？　火の気は大きな戦争の爪痕に見えます。私は見たまましか言えませんので、そこはご理解ください。

あ、タカさんたちのいる地域は「土」の気を感じます。土偶とか、ええと、ドラえもんの「日本誕生」を知っていますか？　まさにあんな感じです。

私の住んでいた北の大地はそのまま「動植物」の匂いがします。開拓地ですが、やはり圧倒的に自然が多く、生きとし生けるものの気が強い土地なのでしょう。

同じ国とはいっても、その土地柄というのは様々なようです。

魂になって全体を俯瞰して見られるようになると、世の中の見え方も変わります。現場からは以上です。


まるでニュースのように、詩子さんのレポートが終わった。ハッと我に返る。

「なるほど。その土地によって、発している『気』は違うんですねえ、興味深い」

「そりゃ当たり前だ。まったくカズタカはそんなことも知らんかったのかい。その土地その土地で違うから、聖地と言われるような特別な場所があるんだべ」

僕の感想に、包丁お松が厳しい言葉を投げかける。いや、話をアテンドする身としては、スムーズに説明してるだけだろーが、と心の中で毒づく。まったく、生きているときにはわからなかった祖母の一面をこれほどまで知ることになろうとは。

「つまり、こういうことですね」と僕は話をまとめる。

土地によって発する気というか、エネルギーの質はまったく違う。

違いは、その土地で何が起きたのか？ そこで生きた人間がどう感じ、どう考えてきたのか。そうやって積み重なった歴史によって形作られてきた。だから、人の死を悼み、成仏を願う思いや行動が積み重なってくれば、「死」をキーワードにしたエネルギーが醸成されるのだろう。

古くから呪いが盛んで、見えぬものとのつながりが深かった土地には、今なおそんな呪術的な影響が強く残っている。具体的には結界とか気の流れを意図的に生かす街のあり方など、人工的につくられたものもあるだろう。それに人々の念まで染みついているから、その土地に根付いたものとなっている。

つまり、その土地のエネルギーの質をつくり出したのは人間なのだ。全国の土地を巡っていると、そこに住む人たちによって、その土地の雰囲気が明らかに変わることを実感する。

ちなみに呪法によってつくられたとして有名なのが平安京、つまり今の京都だ。

その成り立ちからして当然で、早良親王の怨霊を恐れて長岡京を棄てて遷都したという経緯がある。その際に風水など呪術の力をできうる限り活用したのは、有名な話。

土地の選定、四神が天の四方の方角を守るといわれる「四神相応《しじんそうおう》」の土地を探した。東の青龍（河川）には鴨川、西の白虎（大道）には山陰道、南の朱雀（湖沼）には巨椋池《おぐらいけ》、北の玄武（山丘）には船岡山を中心に、東に比叡山、西に愛宕山まで連なっている。

これに加えて、四神それぞれの役目を担う神社も配置。東に八坂神社、西に松尾大社、南に城南宮、北に上賀茂神社という具合で、しかも鬼門（北東）には、霊山として名高い比叡山（延暦寺や日吉大社も鎮座する）を据えるという念の入れようだった。

そういえば以前にガガさんも言っていた。

「神社が建つ場所は、とてもいい場所か、悪い場所かのどちらか」だと。

神様をお祀りするうえでいい環境を見つけて建立する場合もあるが、逆に「悪い土地なので鎮めてください」とばかり、神社を建立する場合もあるという。

「なんかすごいね。詩子さんの見つけてきてくれた霊界日本地図、実におもしろい」

「ナイス詩子ちゃん♪　いい仕事するわ。土地にいろんないわくがあるのもわかるし、それに対応して生きてきたのが日本人というわけね」

僕ら夫婦も納得だ。

土地に歴史あり、そしてその歴史は人間がつくる。これからいい土地にしていくためにも、僕たちがいい歴史をつくっていきたいと思う。

詩子レポート3　死んだ人たちはみんな素直

死んでみて、と言ったら語弊があるかもしれませんが。同じく死んで魂だけになった者同士で話ができるようになって、気づいたことがあります。それは「みんな素である」ということ。

生きている間はどんなふうにでも、カッコつけられるんです。

だけど、死んでしまうと魂だけ。つまり「素の自分」しか残りません。

霊界では、生きているときにどんなに偉い人でも、権威のある人でも、死んだら素の自分だけです。だから意地悪な人は意地悪な素だけが、親切な人は親切な素だけが存在します。

そして少し歩き回ってみたら、街がありました。私たちが生きているときに住んでいたような、普通の街です。人がそこで暮らしているのが見えます。だけど私はそこには入れない。なぜかはわかりません。まだ資格がないからでしょうか？　それとも、私の住むべき街は別にあるということかもしれません。

「あ、詩子さん。それは僕、わかる気がする」

僕は昔読んだ、科学者でありながら霊界と現世を行き来した偉人・スウェーデンボルグの著した『天界と地獄』での記述を思い出した。

「本にも書いてあったな。人間であったときには外面的な知識や権威で人の目をごまかせたが、死んで霊界に行くとそんなものは役に立たず、その人の素の部分のみが残されるって」

スウェーデンボルグの記述では、偉い牧師として権威があり人々から尊敬されてきた人の魂が、霊界でも偉そうに演説をぶっている姿を見たが、誰ひとりとして相手にしなかったと記されている。霊界で死んだ魂は素っ裸で、その人自身が培ってきた人格だけが残されるといってもいい。

「まあ、ごまかしがきくのが人間だからね。生きているときは、外面的なことでチヤホヤしてくれることもあるけど、死んだらそうはいかないのよ」

ワカが真剣な表情で言った。

ううむ……ということは、自分をよく見せようとごまかしてうまくやろうとするのは、人格自体を壊してしまうから、気をつけないといけない。僕はそう自分に言い聞かせる。やばいやばい、気をつければ。

「ちなみに、街があるのはどういうことなのかしらね？」

ワカが疑問を口にした。

「それも『天界と地獄』の中に記述があったよ。死んで上層階層に行った魂は、その霊格にふさわしい階層にある街で暮らすみたいだね。だから詩子さんが見たのは、そんな街のひとつだったんじゃないかな？」

「じゃ、私がその街に入れなかったのは、まだそこに行ける階層の霊格ではなかったからですね、きっと」

詩子さんがうんうんと頷く。「なんだべ、詩子。ここにいたのか」と言いながら、包丁お松が登場した。そしておもむろに懐に手を入れると一冊の小さな手帳を取り出す。

「ほら、これあげっからさ、使いな。これで少しは自由に移動できるはずだべ」

そう言って詩子さんに手渡す。

「ありがとうお松さん。でも、これは？」

「あいでーさ」

「あいでー？」

「霊界の身分証明書みたいなもんだよ、あいでー」

……あ、ＩＤね。そういえば、昔ばーちゃん、ＮＴＴを「えぬてーてー」とか言ってたもんな。あいでー、うん、覚えておこう。つらいときに思い出すと笑えるかもしれない。

「なんせ詩子はまだ霊界に身の置き場がないべ。だから、私の助手として登録してもらったんだよ」

よろしく頼むよ、とばかり細身の詩子さんの背中をパンと叩く。

「それでさっきあんたたちが話してた街っていうのはさ、魂同士が共鳴し合う、いわば霊系とでも言えばいいかね。ほら、人間界にも家系があるべ？　カズタカは母方の小野寺家の家系を継いだわけだけど、それがご先祖さまから続く系統だ。それと同じように、霊界にも霊界の系列で同じ感覚、同じ考えを持つ魂同士が惹かれ合っていくのさ。だから霊界で住む街は心地いい空間になるんだよ」

「ふーん。じゃあ、結果的にじーちゃんとは住む街が違ったってこと？」

失礼とは思いつつも、大事なことだと核心を突く質問を投げかける。しかし、包丁お松

はそんなことを気にする素振りも見せずに、

「んだよ。じーさん、私と住む街が違うのをいいことにフラフラと遊び歩いて。とは言っても、私のほうが霊格は高かったからね、低い街には自由に行けるからたまに様子を見にいくんだけど、ホントに見つかりゃしない。どこに行っているのやら」

そう言うと呆れたようにため息をひとつつく。そして、

「今度、霊界ＧＰＳでも付けるべか。まったくじーさんは油断も隙もありゃしない」

そう言い放つ。霊界ＧＰＳって……（笑）もしや霊界も発展しているのか。

だけど、今の話はとても興味深い。

特に霊系については、僕たちが生きている世界にも影響していて、例えばまったくの他人同士が惹かれ合って結婚したり仕事上のパートナーになったりするのは、家系や血筋は違っても霊系が同じ、もしくは近い可能性があるという。逆に家族同士で意見が合わずにいがみ合うことが多ければ、霊系はまったく違う可能性が高いそうだ。

霊系、いわば魂の血筋。

ううむ、大変興味深い話である。

詩子レポート4

死んだ魂を安心させてくれる。それも守護霊の役割です

お松さんにIDをもらってから、少し自由に動けるようになりました。私自身、この世界に慣れてきたのかもしれません。動き方もわかってきましたので。

そこでもう一度冷静に、私が死んでからのことを振り返ってみたんです。

死んだあと、私は霊界の人（？）から「帳面に名前がない」と言われました。人間の世界ではすでに死亡届が提出され、お葬式も済んでいますから、「死んだ人」という認識でいいと思うのですが、霊界ではまだ名前がなく、認められていない存在のようでした。

お松さんいわく、

「役所の手続きみたいなもんだからね。予定外に早く来たから、受け入れる側も準備ができていなかったんだべ」

ということでした。そのため、特例としてお松さんの助手として、ある程度動き回れるよう手配をしてもらったのです。つまり私は当面、お松さんという保証人がいなくては動けず、の状態でして。そして、来るべき予定日（私が本来死ぬ運命だった日）までに、

「このままこの場にとどまってサポートしていく道を選ぶのか？」、もしくは「あの世で住む街へ行くのか？」を決める必要があるのだそうです。これはとても悩ましい問題ですね。今日があるのは、お松さんのおかげですし……。

ただ、時間はまだありますので、それまでは、私が今いる世界で知り得たことを報告させていただきます。

周りの死んだ魂を観察していると、たしかに私と違ってみんな誰かしらお迎えが来ていました。もちろんアテンド役の死神さんもいますが、そのほかにもご先祖さまなのかしら？　親しそうな人が来て案内しているように見えます。それで皆さん、安心してあの世へついていくケースが多いように感じますね。

えっ？　ああ、なるほど。そうなんですか。

今、お松さんが教えてくれました。あれはご先祖さまの場合もあれば、生まれてからずっと守ってくれていた守護霊のケースもあり、こちらが多いとのこと。だから会ったこともないのに、みんな親しい人と出会えたようなホッとした表情で話すのですね。先ほど教えてもらった、霊系の近い存在が迎えに来て死んだことを納得させてから、あの世へ行くのでしょう。

「そうか。よく『死んだら守護霊さまと会えますか?』って質問をもらうことがあるけど、死んで独りぼっちでいる魂を迎えに来て、安心させるのも守護霊さまの役割なんですね。納得」

僕がひとり、うんうん頷くと、

「ほいほい。何を知ったような口を利いてるんかねえ。そこはわっちが説明したほうがええんちゃうか?」

と、聞き覚えのある雅な言葉が飛んできた。おっとっと、僕の守護霊さま、暁大夫の登場である。

「あ、暁さん。いやーバレましたか。なんせ著者なので、それっぽいこと言わないと……なんて」

「そんなことやと思いましたよ、まったく困ったヤツやねえ」

「スミマセン、ぜひとも解説をお願いします」

僕は平身低頭、ひたすら頭を下げてお願いをする。頼もしい僕の守護霊は厳しく、そしてお優しい。

暁太夫はその名の通り、美しい遊女だった。高貴な紫色を基調にした着物に身を包み、シャレコウベがデザインされた帯がカッコいい。まるで歌川国芳の浮世絵のように毒々しく、それでいて品がある。左手で長いキセルを持ち、白い煙をゆったりとくゆらせる姿からは、花魁だった時代の威厳と誇りがみなぎっていた。

暁さんがゆっくりと語りだす。

「死んでから、わっちら守護霊に会いたい言うてくれるんは嬉しいんやけどね。死後に会いにいくかどうか、それはそん人次第というんが正確なところなんよ」

「その人次第？　はて？」

僕は疑問を口にする。そういえば詩子さんのレポートでも「ご先祖さまの場合もあれば、生まれてからずっと守ってくれていた守護霊のケースも多い」ということだった。必ずしも守護霊が現れるとは限らないということだ。ではその違いはどこからくるのか？　暁さんの言葉に耳を傾ける。

「こう言っちゃアレやけど、守護霊にもいろいろいるんやわ。つまり『ああ、ちょいと疲れたわ。あいつはもう面倒見きれんから、これで終わりにしよ』と、死ぬと同時にパッパといなくなる守護霊もいますし、『お疲れさん。よう頑張ったなあ』と、それまでの労をねぎらいに来てくれる守護霊もいるからなんよ。会いにきたときに、今後についても説明してくれるわけやな」

なるほど、そういうことか。つまり、会えるかどうかは「その人の生き方次第」なんだな。

「それとやね、もうひとつ大事なことを覚えておいてほしいんやけど」

そう言ってから話を続ける。

「もし、わっちらの存在に感謝しているのならば、死後に迎えにきてほしいと思うのなら、生きてるうちにその気持ちを行動で示してもらいたいんよ。生き方ひとつ、行動ひとつで、その気持ちはちゃーんと伝わるもんやよ。口ではいくらでも嘘を言えますが、日々の行いは本当なんやから。行動は嘘をつかんっちゅうことや」

・自分を高めること、少しずつでも成長させていくこと
・周りの人を喜ばせ、愛される人間になっていくこと
・心が満たされる人間であろうとすること

それが、どんな感謝の言葉を重ねるよりも守護霊さまの胸に響くのだ。

「ありがとう」という気持ちで日々を過ごしてさえいれば、ちゃんと守護霊さまは守ってくれるし、死後も魂が迷ったりしないようサポートしてくれるという。

自分が死んだことを自覚すると、死神さんのほかに出迎えてくれる人がいる場合がけっこうある。

それは先に亡くなった親や親戚の場合もあるが、初めて会う人が来るケースもある。だけど、初めてなのにウマが合うというか、親しみを感じてホッとする人。そんな場合は守護霊さまの場合が多いという。

生まれてからずっとそばにいてくれたから、最後に顔を見せてあの世へ行くための心の準備をさせてくれるのだ。

だが、必ず現れるとは言えない。会えるかどうかは、自分の生き方次第。

最後にいい対面を果たしてお礼を言えるように、頑張って生きていくことが肝要なのだ。

詩子レポート5

生前に積んだ「徳」はポイントに。それがお金の代わりになるのです

ある程度自由に動き回れるようになったとはいえ、エリアは限られています。今、私がいるのはお松さんと同じエリアで、そこでお松さんは「お茶会」を開いては、いろんな人の魂の悩み相談を受けています。悩み相談といえば聞こえはいいのですが、要は霊界ポイントを稼いでいるのです。

というのも、霊界でも人間界と同様に、その行いによってポイントがつくようなのです。いわば、積んだ「徳」のポイントといえばいいでしょうか。

えっ？　生きているときにもつくのかって。はい、私もこちらに来て知ったのですが、人は生まれてからその行いによって、ちゃんと「徳」のポイントがつけられているそうです。そのポイントの多寡によって、行くべき場所、いわゆる閻魔さまがどの階層に振り分けるかを決めると聞いたときは本当に驚きました。

ちなみに三途の川、あれ、本当にあるんですよ。

私は気がついたらここにいた、という感じでしたが。よく考えてみると三途の川を渡し

てもらうときに「電子マネーは使えますか？」と聞いたのを思い出したんです。最近は私もスマホで電子マネー決済が多かったので、いざ渡し賃が必要となると困ってしまうからです。

ですが結論として、お金は必要ありませんでした。いえ、厳密に言えば必要なのですが、それは生前に積んだ「徳」、つまり徳のポイントがお金の代わりになります。dポイントや楽天ポイントが決済に使えるみたいな感じです。

ちなみに生きているときに貯めたお金は、霊界では一切使えません。人間界のお金は、まったく意味がないのだそうです。先ほどお話しした魂と同様に、自分が積んできた「徳」がモノをいいます。

「あの～徳のポイントが大事ってことはわかったんですけど、ひとつ疑問が」

僕は軽く手を挙げて聞いてみる。

「三途の川を渡るために必要なお金、つまりは徳のポイントが足りない場合はどうなるんですか？　川の畔で徳が貯まるまで頑張るとかいう姿は、ちょっと想像できないな」

これは誰もが気になるところだろう。徳を積まなければあの世に行けないとなると、いろいろと問題も出てくるような気がする。

するとMとさんは、明快な答えを出す。

「その場合は、残された子孫が払います。子孫が徳を積まなければいけない状況がやってくる、そう考えてもらえればけっこうです」

え、子孫が？

「つまり、残された子どもや孫たちの世代が先祖の悪行を穴埋めするために、徳を積まなければいけないと？」

「しかもせっかく積んだ徳も、すべて死んだ親や祖父母のために使われるってこと？」

僕とワカが、マジかよ！と声を上げる。いかに子孫とはいえ、その責任を負わされるのはなんかちょっと嫌だなあ。

しかし、リアルに現場を見てきた詩子さんは冷静に、

「気持ちはわかりますけど、そうなのです。私は死んでしまったので、嘘は言えません。見てきたことをそのままお話しすることしかできないのです」

そう言うと、包丁お松は、

「なんだとカズタカ！　私のために徳を積むのが嫌なのか？　この祖母不幸者」

と、怒りの声を上げる。いやいや、そんなつもりで言ったんじゃないんだよ、一般論だってば一般論、と僕たちは包丁お松をなだめる。

いずれにせよ、この世とあの世の境を流れる三途の川をスムーズに渡るためには、生きてるときに徳を積んでおくのが大事だというのは間違いないようだ。

それに逆のケースもあるという。ご先祖さまの積んだ徳によって、自分たちが守られているという場合だ。いわゆる「悪運が強い」というのもこのケースに当てはまるのだろう。ご先祖さまの徳によって自分の犯した罪を軽減させてもらっていると思えば、子どもや孫のためにも悪いことはできないし、少しでも善い行いをしようとも思う。

ちなみにこの三途の川だが、「三途」は、これは仏教用語のひとつで、世の中には「地獄道」「餓鬼道」「畜生道」という三悪道があるとの考えに由来している。つまり、この世とあの世の境にある川を渡ることで三悪道、つまり地獄へ行くかどうかを判断されるということ。

その判断をするのが、三途の川の畔にいる謎の老婆、奪衣婆だ。死んでやってきた亡者たちの衣服を剝いで衣領樹《えりょうじゅ》の枝にかけて、そのしなり具合で重さを量って罪を決める。つまり、川を渡ってあの世へ行くと古くから信じられてきたわけだ。
実はこの「あの世とこの世の境には川がある」という言い伝えがある国は日本だけでなく、世界中にあることをご存じだろうか？

エジプトでは、天空の入り口にナイル川があるとされている。ナイル川に到着すると、「死者の書」に記された呪文を渡し守に伝えて、太陽神ラーの船に乗せてもらい、あの世へ行くらしい。またギリシャ神話では、現世と来世の境には、ステュクス川と呼ばれる大河が流れていて、カローンという年老いた渡し守に、渡し賃として1オボロスを渡さなければならないというからおもしろい。日本でいえば、三途の川の渡し賃は六文銭で、やはり、生前に積んだ徳次第で渡してもらえるのだろうか。

また、インドでは、三途の川に相当するのはなんとガンジス川らしい！　もっとさかのぼって古代インドになると、ヴァイタラニー川にカミソリのように細い橋が架かっていて、それを渡るとされていた。その流れは急で、とても熱く、汚臭に満ちているとされているから、どうせ渡るならきれいな川を渡りたいな、とはちょっとした本音だ。

このように、形に違いはあれど世界各地で共通しているのは、この世とあの世の境には必ず川がある。川には異世界と隔てる特別な力があるのかもしれない。

詩子レポート6 自殺はダメ。絶対に！

ところで、私が今いるエリアには子どもたちがたくさんいます。

もちろんみんな、死んだ魂なのですが、ここでじっくり観察していると気づいたことがあります。

日本でも「七つ前は神の内」という言葉がありますね。昔は今ほど医療が発達していなかったから、抵抗力のない子どもは常に死と隣り合わせでした。死産はもとより先天的な病気や不慮の事故で亡くなる可能性が高く、常に死と隣り合わせ。だから七つまではまだ神様の子どもで、それを過ぎて初めて人間世界の住人となる。幼くして亡くなった子どもは、「預かっていた子どもを神様にお返しした」だけと考えていたそうです。

たしかに小さな子どもの魂は、純粋で親に甘えることしか知らないように感じられます。「水子の祟り」という言葉がありますが、それは嘘ですね。彼らにはまだ人を恨む概念自体がないのでそんな発想など出てきません。ただ親に甘える純粋無垢な魂なのです。

ただ、小学生から中学生くらいの魂になると環境が一変します。環境というのはいわば、死因です。七つまでは先ほどお話ししたように先天的な病気や不慮の事故がほとんどですが、それを超えると死因でいちばん多いのは自殺になります。これはとても悲しいことで、ここにいる魂の環境も一気に変わります。

はっきり言います。自殺はいけません、絶対に。

そう言うと、自殺せざるをえなくなった環境を指摘する人もいるでしょう。イジメが起きる環境が悪い。格差社会が悪い。家庭環境が悪い。そんな厳しい環境から守ってあげられなかった大人たちが悪いと、私も生きているときはそういう考えでしたから、その思いはよくわかります。

だけど今私は、自殺した魂の行く末を見たうえでお話ししています。

自分の魂にとって無意味だから、自分が苦しむだけだから、自殺はやめなさい。絶対にダメだと本気で言ってます。

私が見てきたのは、暗い反省部屋のようなところで自分と向き合う少年少女の魂です。そこで自分のしたことの罪に気づくまで、いつまでもいつまでも、たったひとりで時を、いえ、死んだ魂には時間の概念はありませんから、無限の時間を過ごすことになります。そして自らが犯した罪に気づくと初めて上に上がっていけますが、そこからがまた始まりです。

再び同じ環境へと生まれ変わることになるのです。つまり、同じことが繰り返されるのです。そう、自分が自殺するに至った環境へと戻され、繰り返される。自分でその環境を乗り越えられるまで何度でも何度でも何度でも何度でも。

ここでは霊界がそうさせているというよりも、反省部屋で自分のすべきことに気づいた魂が、自らの意思で試練を繰り返していると言っていいでしょう。だけど、その事実を生きている人は知りません。生まれ変わった時点で記憶はなくなってしまうから。そして弱い人は「なんで私ばっかりこんな目に」と、前回（前世）と同じようにその環境から逃げようとする。悲しい繰り返しです……。

私だって、あんな父親のもとに生まれたことをどれだけ恨んだことでしょう。親ガチャという言葉を聞いて「ああ、私も親ガチャで失敗したんだ」と思ったことさえあるのです。だけど、そんな変えられないことをウジウジと考えたってムダだと思いました。幸運にも私のそばには幼馴染みに同じような境遇の子がいたので、一緒に乗り越えることができました。逃げずに済んだのです。だから私は今、こうしていられるのでしょう。それにこうも思えるのです。乗り越えた先にあるこんな出会いだって、あのひどい親のもとに生まれたからあるのだと。もちろん二度と、あんな親のもとには生まれ変わりたくないけど。

だから自殺なんかで逃げて、また同じつらい目に遭うようなことをしてはいけません。

それに、これは私のいちばんの本音です。

自分で命を投げ出すくらいなら、その命をどうか私にください。私はもっともっと生きたかった。

だから、生きられるなら生きてほしいのです。そう、私はあなたに生きてほしい。自ら命を捨てて、また同じような嫌な目に遭うなんてしてほしくないのです。そんな悲しい魂を増やさないために、その悲しいループから抜け出してほしいと願わずにいられません。

だから言わせてもらいます。


自殺とは自分の魂を殺すこと。殺人と同じです。だからダメです、どうかわかって。


「これは以前、死神H氏に教わったことと同じね。水子の祟りなんてないし、そんなこと言うヤツがいたら嘘だと思えって言ってたわ」

ワカの言葉に僕も頷く。

水子供養が初めて行われたのは江戸時代とされているが、本格的に世間一般に広まったのは1970年代になってからで、意外と歴史が浅い。詩子さんが言うように、それ以前は7歳まではいつ死ぬかわからない神の子とされ、死んでも葬儀すら行われなかった。神様にお返ししただけだからだ。それが医療の発達に伴い死亡率が下がってくると、水子も供養しなければ、という概念が根付いてきた。

ただその際に、「あなたの不幸は、水子の祟りのせい」と水子供養を勧める人たちが現れたために、あたかも水子が祟るかのような誤解が広まった気がしてならない。

「うーん、なるほど。水子供養は、あくまでも我が子の魂の安寧のため。そして自分自身の悲しみを和らげるため、と考えるのが正しいってことか……」

「そうですね。だけど、それよりも気になるのは自殺者の魂です。私は子どもの魂は見てきたけれど、自殺した大人の魂も同じように反省部屋に入れられるのでしょうか」

詩子さんが純粋な疑問を口にする。すると待ってましたとばかり、ピンクのポンチョを身にまとった死神がキックボードで颯爽と現れた。

キィ――――ッ！

「おっとっと、危ないわ。気合入って通り過ぎるところだったざんす。最近、ブレーキの利きが悪くなってきたから気をつけなきゃね」

何やらブツブツ言いながら、キックボードからひらりと降りて僕たちのほうへサッと顔を向ける。

「ようやく登場することができたわ。ミーが死神ハーベストよ。みんなはH氏って呼ぶからよろしくざんす」

そう手短に自己紹介をすると、死神は早速本題に入……ろうとしたけれど、詩子さんが妙にはしゃぐ。

「あなたはあのときの死神さん！　私、私です。行き場を失って途方に暮れていた……」

「ああ、あのときの。覚えてるざんすよ。桜色のパーカー着ていたから、あら、ミーと好みが似てると思ったざんす。なんだ、あんたここに来ちゃったんざんすか？　よりによって変なとこに来たわねえ」

変なところって……あなたみたいにけったいな死神に言われたくはないけど、仕方がない。

「だけどよかったじゃない、ひとまずは行く場所があって。ほら、待ってればいいことがあったざんしょ？」

「はい、おかげさまで。その節はありがとうございました」

なんか妙な会話がなされているけど、まあいいだろう。僕はヘンテコな死神を促した。

「H氏、それで自殺した大人の魂ですけど」

「それなのよ、問題は。実はね、自殺した大人の魂はけっこう大変なことになるざんす。それはこの世界では新米の……えーと、あんたなんて名前だったかしら……」

「詩子です」

「そう、ウタコにはとても見せられないと、霊界が配慮してくれたのよ」

「配慮、霊界が……」

「ええ。子どもよりも大人の自殺は罪が重いざんすからね。ですから反省部屋なんてものじゃなくて、もっと厳しい環境にさらされることになるのよ、やだわ」

そう言うと、その光景を思い出したのか、死神はブルブルと身を震わせた。

「そうか。だから私が移動できるエリアが限られているのかも。腑に落ちます」

霊界レポート報告のときとは違って、すごく気さくな感じで詩子さんが言った。

「ま、そこはお松さんが管理しているだろうから安心するざんす。ああ見えてお松さん、やり手ですから」

「だけどお松さん、最近私をほぼ放置で、お茶会ばかりしているんですよ。昨日もイモまんじゅうをたらふく食べていたし」

「ああ、悩み相談室ざんすね。あれは魂の悩みを聞いて導くことで、霊界の役に立っているのよ。しかも自分の徳ポイントももらえて一石二鳥。ポイントが貯まれば新しい霊界アイテムも手に入るし、ま、バイトね。霊界で活動するには必要ざんすよ」

「わかりました。勉強になります」

そう言って詩子さんは死神に「ありがとう、死神さん」と頭を下げた。

「あんたみたいに生真面目な子には、したたかでマイペースなところはあるけれど、おもしろいお松さんがちょうどいいざんすね。うまくやんなさい」

詩子さんに向けてグッと親指、というか親指の骨を立てる。

「んじゃミーは行くわ。霊界スーパーのモーニングセールに並ばなきゃ、なのよ。ホネホネアイスとドクロキャンディーが2割引きですからね。節約して乗り切るざんす〜」

そう言い残し、キックボードを蹴りだした。いや、忙しいんじゃやなかったのかよ……と
いう僕の胸の内は口にしなかった。

詩子レポート7 自分の死を納得しない「浮遊霊」「地縛霊」という存在

自殺の話をしましたが、ほかにも様々な魂がいます。生きている人たちに悪い影響を及ぼす霊体も目撃しました。いわゆる、自分の死に納得がいかない魂たちです。

ちなみに私の場合は、すぐに納得したのがよかったようです。事故死でしたが魂から自分の身体からズズッと抜ける瞬間がわかったんです。気持ちよくスーッとはいかなかったのですが、とにかくアッと思ったときには抜けていて、自分の身体を上から見下ろしていました。そのとき、「あ、私は事故に遭って死んだんだな」と思ったのを覚えています。

事故の瞬間から記憶がなく、気づいたら病院のベッドの上でした。肉体の中に魂はなくて外側からただ眺めているだけ。これで生きているといえるのでしょうか？　私は病院の先生の横に立って、

「これはもう無理ですよね？　だって死んじゃってますもんね」

そう問いかけましたが、聞こえないんですね。だって、私はそのときすでに幽霊になっての語りかけでしたから。

同じ事故でも、あまりにも一瞬のことで自分が死んだことに対して、納得がいかない魂

も多いようです。自覚がないというか、あとはこの世への未練が強すぎて、死んだことを受け入れようとしない魂もけっこういました。

私がこちらに来てからも、何人かのそんな魂を見かけました。初めのうちは、お迎えにきてくれた守護霊や親類の霊体が説得して連れていこうとしますが、あまりにも頑なだと彼らも「こりゃ自分で納得するしかないな、好きにしろ」と諦めてほうっておくのです。

すると、またこの世に戻ってきてしまう。そこで生きていたときのように暮らそうとするけど、そこには自分の居場所がないわけです。当然です、死んでいるのだから。

「そこにいるだけなら、別に害はないんじゃない？」

そう思われるかもしれませんが、見ているとそう簡単なものではなさそうです。

例えば自分の死に納得がいかずに、守護霊の説得も聞き入れない魂は、総じて性格に難のあるタイプが多いことを知りました。私が見た限り、

・すぐに誰かを羨み、嫉妬する
・他人への憎しみが強い
・自分の意思がなく、うまくいかないと他人のせいにしてしまう

・そもそもひねくれている

そんな感じの人は、えてしてなかなかあの世に行きません。

そして、同じような波長の人を見つけると、取り憑いてしまいます。まあ、死んだことへの不満から、生きている人への憎しみが高じて邪魔をするのでしょうね。これはいわゆる「浮遊霊」にあたると聞きました。なかでも強い恨みで特定の場所に縛りつけられた霊を「地縛霊」ともいうそうです。

ほんと、嫌ですね。私はそんな霊体にはなりたくないです。そういえば、私の死んだ父は、浮遊霊になっていないでしょうか？　まだこの世にとどまってウロウロしているとしたら……。死んでまであの人とは顔を合わせたくないので、もし見つけたらすぐに隠れないといけませんね。

あ、また自分の身の上話になってしまいました、すみません。

こんな話をすると「取り憑かれたらどうしよう」と心配される方がいるでしょうが大丈夫、ご心配なさらず。

浮遊霊は先ほど挙げたような、自分と同じ卑屈な魂の持ち主にしか憑依できないそうです。いつも笑顔で人には親切に、そして前向きに生きていれば問題ありません。

ところでひとつ疑問なんですが、同じ事故に遭っても、納得できる人とできない人の違いはなんなのでしょう。私は、肉体と魂が離れた時点で「事故で死んだ」と理解できたのですが……。


「それって、よくガガさんから言われる『後悔しない生き方』が関係しているんじゃないかな？　まあ僕はまだ死んでないから、正確にはわかんないけど」

詩子さんの話を聞くと、僕はすぐにそんなことを感じた。

父を亡くし、母ひとりで育てられながらも、「馬に携わる」という夢を諦めずに、お金を稼ぐため必死に働いてきた詩子さん。僕と出会ったのもそんな頃だったけれど、僕はノー天気な学生だったけれど（まあ、今もノー天気だと言われれば否定はできないけど）。そんな自分の夢に真っすぐに生きることが、結果的に後悔しない人生になり、「仕方がない。やりたいことはやったし」と死んだことに納得できるのだろう。

「まあ極端に言えば、明日死んでもいい生き方を目指す。ちゅうことやねえ」

僕の守護霊、暁さんの登場だ。

「やらない後悔を残さないことは大事かもしれませんね。日々、やれることを懸命にやる。その積み重ねが、悔いのない人生につながるような気がします」

詩子さんが、暁さんの言葉を補うように続けた。

だからそれをしてこなかった人、つまり、自分で行動を起こさないくせに、人を羨んだり憎んだりしていては、失敗を人のせいにする後悔ばかりの人生になる。いざ、死んだときに「あれもしたかった」「これもしたかった」と、悔いが残ってあの世に行くのを拒否するわけだ。心のどこかで死んだことに気づいているくせに、執着心から認めようとしない。

それに実際、この世にもそういう人はいる。都合の悪いことには耳を塞ぐタイプだ。そういう生き方はよくないことを立証する話でもある。

「浮遊霊や地縛霊は何度か見たことがあるけど、ちょっと誤解してたかも。こりゃ新しい発見だわ」

ワカがうーむと唸る。僕も同意見で、何か大きな恨みごとがあってこの世に居座っているとばかり思っていた。なんだ、要は自分が生きているときにやるべきことをやってなかっただけなのか、と思い知る。

するとワカが、

「ちなみに素朴な疑問なんだけど……悪霊が出るのは、決まって夜ってイメージが強いけど、実際はどうなのかしらね？　まあ、小野寺家には、守護霊や死神とか、あと龍神がワチャワチャと昼夜関係なく出てくるからタイムレスなのかもしれないけど」

言われてみればそうだ。古《いにしえ》から午前2時すぎにあたる丑三つ時を「草木も眠る丑三つ時」といい、お化けや幽霊が現れる定番の時間という認識がある。僕の経験でも、生霊だったり恨みの念が飛んできたのも決まって深夜だった。これには何か理由があるのか？

「なんや、あんたらそんなことも知らんかったんかえ？」

いきなり辛辣な言葉が飛んできた。暁さんだ。

「ちょっと考えてみれば簡単なことやろ。あんたたちが活発に行動するのは、昼と夜のどちらや？」

「そりゃあ、昼です」

即答。そりゃそうだ。社会が活発に動くのは当然、昼間である（ま、ワカさんは昼間も起きないけど、この際それは置いておこう）。そう考えると僕の頭に閃くものがあった。

「生きている人が活発に動くということは、それを守ろうとする守護霊をはじめとする霊体や神仏の動きも活発になる理屈ですよね。いわば、見えない存在の中でも格の高い方々が活発に動いていて、当然、悪霊のような低級な霊体は活動しにくい……ということ？」

僕が呟くように言うと、暁さんが「その通りや！」と扇子をパチンと鳴らす。

「昼間は人間とともに、わっちら守護霊のような高級霊の動きが活発やからなあ。浮遊霊みたいな低級霊は、身動きできんのよ」

「だけど、人が寝静まる深夜になると、守護する高級霊たちも休む時間というわけね。動きが穏やかになる分だけ、その目を盗んで動きだすわけか。なんていうか、死んでなお行動が卑屈なんだね」

ワカがあきれたように言い放つ。

「そして、同じように波長の低い人同士が惹かれ合い、悪い影響を受けるというわけか」

僕はやれやれとばかり首を振った。浮遊霊みたいにならないためにも、そして取り憑かれたりしないためにも。後悔のない毎日を過ごす。改めて肝に銘じようと思った。

詩子レポート8　低級霊は後ろからそそのかす。「中毒」の意外な秘密

レポートを続けます。同じように特定の恨みではなく世の中への未練から、この世をフ

フラフラしている浮遊霊を見かけます。

先ほど申し上げた通り、まっとうな生き方をしていれば特に影響は受けませんが、ひとつ注意してほしいことがあります。それが「依存症」とか「中毒」です。

アルコール依存症、ギャンブル依存症、セックス依存症、麻薬中毒に仕事中毒まで、何かにのめり込むあまりに周りが見えなくなって、依存症になってしまう人。そんな人は、浮遊霊のような低級霊にそそのかされている可能性があります。

あ、誤解なきよう言っておきますが、これは「悪霊のせいで依存症になった」わけではありません。あくまでものめり込んでしまったのは本人です。けれど、皆さんの周りにもいませんか？　少し弱っているときに近くで「大丈夫だって。やっちゃえよ」「絶対にやったほうがおもしろいって」「俺だって大丈夫だったんだから、心配すんな。いけいけ」という感じで、耳元で依存傾向にある人にささやきかけるのです。

お酒に依存しそうな人には、お酒で身を滅ぼした霊体が「うまいぜ、このまま飲んじゃえよ」と。

すぐ異性に手を出す人には、異性関係で身を滅ぼした霊体が「あっちだって望んでるんだぜ。いいじゃないかこのくらい、ほーらやっちゃえよ」と。

パチンコに依存する人には、ギャンブルで身を滅ぼした霊体が「今やれば出るぜ。絶対に取り返せるから、続けろよ」と、甘くささやきかけるのです。

意志の弱い人はそれに負けて、依存症が悪化していきます。だけど私が見た限り、これはまさに自業自得。自分の意志の弱さから、悪霊にそそのかされているにすぎません。

昔は困ったことがあるとすぐに、

「それは悪霊の仕業です。除霊しましょう」

「これは霊媒師に浄霊してもらうしかありません」

と、さも「特別な力のある私でなければ手が施せない」みたいに言い、そんな様子を放送するテレビの心霊番組が人気だった時代がありました。

取り憑かれるほうに原因があるので、自分の意志をきちんと持って、日々を健康的に生きていれば、浮遊霊とか地縛霊とか、そんな悪い霊体の餌食になることはないでしょう。

おや？　また誰かそそのかされていますね……。

「詩子ちゃんの言う通りだわ。だから、私も除霊とか浄霊とかが嫌いなのよ。うさん臭いったらありゃしない」

ワカが眉間にしわを寄せて言う。うんうん、わかるよ、わかるけどキミは相変わらず口が悪いね。もっとやわらかく……。

「だいたいね、どこそこの神様の声とか、なんとか神のメッセージとか聞こえるって人が多すぎるんだっつーの。ハッタリに決まってんだろ、みんな騙されるな！」

わー！　そこまで本音を吐き出さなくても！

「ま、まあ確かにそうだよね。それと同時に、いわゆる悪魔のささやきには耳を貸さないことだよ」

僕はなんとか丸く収める。

「ほいほい、話を戻しますよ。ここでひとつ質問や」と、暁さんが僕たちに質問を投げかける。

「麻薬中毒の人がいたとしますわなあ。そのお人が警察に捕まったとしましょう。さて、あんたさんたちは、そこにどんな意味を見いだしますか？」

そう問われて、僕とワカは顔を見合わせた。

「うーん、シンプルに自業自得というか。したことが返ってきたという感じですかね？それとも反省を促すために守護霊さまがあえてそう仕向けたとか？」

すると暁さんはニヤリと笑って、

「半分当たりで、半分外れとしとこうかねえ」

と答える。は、半分か。では、ほかにどんな意味があるのだろう？　僕が再び頭を捻っていると、

「守護霊の導きなのは正解や。せやけどその真意は本人を救うためなんよ。例えば……」

そう言って、暁さんは指を一本立てて続ける。

「自分の守っている人が麻薬中毒やったとするわなあ。体はボロボロになります。とはいえ、本人は自制が利かないのでやめることができない。そこで強硬手段として、警察に捕まるよう仕向けるわけや。ほかにもアルコール中毒の人には、死んでしまう前に問題を起こして逮捕させ、施設に入れられるよう導くこともある。そうやって身を守るよう取り計らうのも、守護霊の仕事なんよ。せやから……」

そう言って、鋭い目線を僕に向けてくる。

「は、はい……申し訳ありません。僕もちょっと飲みすぎでいけないいなあ、と思っていますので。あのその……」

先日も寿司屋からのカラオケで飲みすぎた挙句、だいぶ周囲に迷惑をかけたようだ。し

かも記憶がないものだから、言い訳のしようがありゃしない。ああ、何をしたかわからない、この恐ろしさよ。

「え？　小野寺さんが？」

詩子さんが少し楽しそうに笑う。

「そんな一面があったんですね。昔、札幌でお会いしたときには、『お酒はそんなに飲まない』なんて言ってて、シャイなお坊ちゃんだと思っていたのだけど」

「何言ってんの、詩子ちゃん。そのシャイな坊ちゃんは膝や腰が痛い、老眼気味のウワバミよ。時は確実に流れてるのよ」

「たしかにー」

と、ワカと詩子さんが僕をイジる。

いや、その……詩子さん。その1年後に、卒業式で飲みすぎて記憶が飛んだことは誰にも言ってない秘匿事項なのよ。そのときも後輩たちにだいぶ迷惑をかけて、「もう無理な飲み方はしないぞ」と誓ったのに、あれから25年の月日が流れ、

酒の失敗　四半世紀で　やってくる

あれも守護霊さまの導きだったのだろうか？

いや、本当に気をつけねば。おかしな霊体に付け込まれないためにも……。

僕よ、ちゃんとしろ。

詩子レポート9 心霊スポットにたまる霊体。廃れたレジャー施設、出ますデマス

そうそう。霊体のことで言えば、生きている頃から興味があったのが、いわゆる「心霊スポット」と言われる場所です。そういう場所は、本当の幽霊のたまり場になっているのかしら？　もし本当にあるのであればどんな幽霊がいるのだろう？

それで私、実際に見にいったんです。

廃ホテルや廃遊園地など、かつては多くの人で賑わっていたのに……時代とともに人が離れ、ついに経営難で倒産して売却もできずに廃墟となっている。そんな廃れたレジャー施設が全国に存在します。

そんな場所は、いつしか心霊スポットと呼ばれ、肝試しなどで訪れる人が絶えません。

最近ではYouTubeでも、心霊スポットを巡って動画配信をする人もいるほどです。

タカさんが住む宮城県にもそんな施設があったので、行ってみました。そこは、ある沼の近くの、廃墟として有名な場所でした。かつては遊園地で、最近では映画のロケも行われているところです。その映画のストーリーは、死んだ幽霊たちがそこに集って生きていたときの記憶を頼りに、霊になってもできることをやって成仏していくというもので、タカさんも観たと言ってましたね。

「映画自体はとてもおもしろかったし、スクリーンにも、『ムード』はあったな。なんというか、こう『何かがいるムード』とでも言えばいいのかな」

そんな感想を漏らしていましたね。

そして私がその場所に行くと言ったらとても喜んでついてきたのが、なぜか梵さんたちでした。彼らはそこへ集まってくる「陰の魂」が好きなようで、とにかくキャッキャとはしゃいでいました。本当に不思議な方々です。

だけどそれって、裏を返せば「普通の場所とは違うものがいる」んですよね。日常では出会わないものが、確かにそこに息づいています。

「つまり普段僕たちは、そういう『日常とは違う空間』であることを察して嫌な予感とか、なんかヤバそうとか、感じるのかもね」

僕は詩子さんのレポートを聞いて、そんなことを思った。

実際に僕も嫌な感じを受ける場所は「あの辺はヤバいから近づかないようにしよう」と避けていた。

だけど人って経験を積めばちゃんと成長するもので。

ずーっと昔にワカと一緒に、妖怪などの民話を集めた『遠野物語』で知られる岩手県遠野市に行ったときのことだ。そこでワカがトイレに入ってすぐに、

「な、なんかいたわ！ 何あれ？ とにかくトイレの個室になんか妙なモノがうごめいてたんだってば！ 怖かったー」

と冷や汗をかいて逃げ出してきた。だが数年たって再びその場所を訪れると、

「私ったらあんなのを怖がってたのね。あんなのただの雑念の残骸じゃん。悪さをするわけでもないし、するほどの力もない。屁みたいなものよ」

と、あっけらかんと言い放ったことから、同じ場所でも人が成長すれば関係性も変わるのだとわかった。いつの間にか、いろいろ大丈夫になっていっても不思議ではない。実際、

詩子さんのいう、その某沼の遊園地跡付近に行っても影響なしだ（今ではね）。

「で、詩子さんの結論としてはどうだったの？　僕らがそんな場所に行っても、悪い影響はないのかな？」

僕が身を乗り出して聞くと、ワカに額をペチン！と叩かれた。

「だからそれを今、レポートしようとしてるんじゃないの！　人の話は最後までちゃんと聞きなさい！」

そう叱られて僕は肩をすくめる。「ス、スミマセン……」

そんな僕たちの様子を確認すると、詩子さんは霊界レポートを再開する。

心霊スポットといわれる場所に通常の人が行くのは大丈夫か？　と問われればズバリ「否」です。やはり、おもしろ半分に近寄ってはいけないところが多いのです。

そんな「かつて栄えた場所」に集まってくる多くは、寂しい霊体でした。つまり、成仏もできず、寂しく彷徨っているうちに、昔の賑わいを思い出して集まってきたケースが多いのです。

そんな場所にヤバい人が行くと、あっという間に集団で取り憑かれてしまいます。実際に私が見てきた際も、何人かが取り憑かれていました。
ちなみにここでいう「ヤバい人」とは、

・死の願望がある
・とにかく陰気
・他人を羨んでばかりいる

そんな人たちです。そういう人が近くにくると、まとめて100体ほどの霊体が取り憑いたりしますね。100体ですよ！　なんとまあ恐ろしい。だけど、実際にありうるのです。なぜって一体じゃ何もできない寂しい霊体たちの集まりだから、そんなことが起きても不思議ではない場所なのです。

では、取り憑かれた人はどうなっちゃうと思いますか？　重い病気にかかるのか？　それとも、死んでしまうのか？
いいえ、むしろそんな過激なことが起きるほうが、原因がわかりやすくて対処しやすいかも。

実際に起こりうる事象は次のようなことが多いのです。

・ケガや病気をすることが多くなる
・悪いことが重なる
・事故に遭う
・金銭面でのトラブルが増える
・愛情のもつれが起きやすい

つまりは、不運な出来事が重なります。

しかも、死ぬようなことはなくても1000日ほどは「なんとなく運が悪い」と感じる日々が続くそうです。これでは「何かあったのでは?」と気づくことすらできず、唯々《いい》諾々《だくだく》と不運を享受していくしかありません。

おもしろ半分での肝試しとか、怖いもの見たさで心霊スポットに行くのは、自分の運を落とさないためにもやめたほうがいいでしょう。

そういう場所にいる霊体は、基本的にそこに縛られていて外には出ていけません。だから、その場所へ行かなければ心配ありません。単体で動くことすらできず、集団でしか取り憑くことができないような弱い霊体たちなのです。

だからもう一度言います。そんな場所には近づかないこと。

それがいちばんの予防策であり、不要に運を落とさないことにつながるのです。

「うわ……。自分で気づかないうちに運が悪くなってるって、怖くない?」

僕は「あー、やだやだ」と体を震わせる。ほんと、やだよ。怖い怖い。

「確かにそうよね。明らかに異常を感じて『あれが原因だった!』『あのときのせいで』ってわかれば対策の施しようもあるけど、霊体に取り憑かれたことすら気づかずに、ただ不運が続くのはある意味いちばん恐ろしいかも」

おもしろ半分で肝試しとか、いわくつきの物件に行ってみるとか、そういうことはやめたほうが身のためだ。誰だって運を落としたくはない。

だけど……。

「ココノレイタイ、オイシイヨー。イッパイタベテ、エネルギーマンタンダー」

やたらと梵さんが喜んでいるのを見ると……。彼らは陰の気を放つ霊体からエネルギーを吸収して生きているのだろうか？と勘繰りたくなる。

悪い気を正常化する存在なのか？　霊界の空気清浄装置的な存在なのか？

けれど、それを知る必要はないというのが、僕の考えだ。だって、世の中の出来事をすべて知ろうとするほうが人間の驕りだと思うから。わからないことは、わからないでいい。人間は長い歴史の中で、そんな気持ちでこの世界と関わってきたのだから。

それに、梵さんが僕たちにとって有益な存在であれば、それで十分。

というわけで梵さんたちには、包丁お松ことばーちゃんの仕事のお手伝いを引き続きお願いいたします。

詩子レポート10　霊界の噂話「予言する神様の話」

そうそう。実は先日、お松さんに連れられて神社に行きました。私はあんまり神社やお寺には詳しくないのですが、四国の金刀比羅宮というところです。お松さんは生きていた頃から、金毘羅さんが好きだったようですね。

神社に着くと、「こんぴらふねふね」という歌を歌いながらスーッと石段を上がっていったのを覚えています。そこで、葉っぱが付いたみかんをもらって帰ってきました。

拝殿の前で手を合わせている参拝者の人たちを見ていたときのことです。本殿のほうから一筋の金色の光が拝殿を抜けて参拝する誰かに当たっているのが見えました。それを見て「ああ、あの人は願いを叶えてもらえるんだなあ」と思いました。

逆に黒い糸のようなものが束になって出てきて、足をからめ捕られている人もいましたね。あれはどういう意味だったのでしょう。少なくとも、神様に好意を持ってもらえているとは思えませんでした。なので、きっと同じ参拝に来る人でも、神様は一人ひとりを日頃の行いから公平に見ているんだなと、感じました。神様の前だけでいい子になってもダメなのでしょうね。

「そういえば、小野寺の本家の神棚に祀られてるのは出羽三山と金刀比羅宮だ。包丁お松は、金比羅さんに何か思い入れがあったのかな？」

僕は実家の神棚を思い出しながら言った。大広間の上に、大人が入れるほどの大きさの神棚があり、「天照大神」を中心に、向かって右に「出羽三山」、左に「金刀比羅宮」と記された大きな掛け軸が祀られていた。通常の御神札の何倍もの大きさの掛け軸を祀る、本当に巨大な神棚。いったい、どんな信仰と感覚を僕の祖父母は持ち合わせていたのか？

今の包丁お松のやっていることを考えると、興味深い。

僕が「深い意味があるに違いない」と、沈思黙考していると、僕の意を酌んでくれたのか詩子さんが口を開く。

「こんぴらさんっていう語呂を気に入っていたらしいですよ。コンペイトウとかきんぴらごぼうに似てて、お松さんの好物なんですって。それでなんとなく、出羽三山と一緒にお祀りしたんだそうです」

……へ？

語呂が気に入ったって、それだけかいっ！

虚を突かれたように、詩子さんがいるであろう宙を見上げていると。

「まあ、包丁お松の考えることはわからんということでいいじゃん？」

そうワカが言い放つ。まあ、確かにね。世の中には意味や理由を追求したがために残念な気持ちになることっていっぱいあるから……。


それから神様といえば、ちょっとした噂話を耳にしました。

どうやら、神様は啓示をなされるんですね。

一柱だけ、おもしろい噂があるんです。他の神様ではこんな話を聞いたことがないですが、「その神様」だけは啓示を下してくださると聞きます。

具体的には、死んだ魂の中でも格の高い、徳のポイントを多く積んだ人のところに啓示を下してくださるそうです。で、それを聞いた魂は、それを自分の子孫や関係する人へ伝えにいくことがあると。

「へえ〜。つまり、僕たちのところにご先祖さまや、亡くなった人の霊がやってきて『これに気をつけろ』とか『こうするといいよ』と、予言や警告をくれるのって、実は背後にはその神様が動いてくれている場合があるってことか」

「たしかに私、不思議だったのよ。神様ならいざ知らず、見えない誰かが未来を予知して警告をすることとなんてあるわけ？って」

死んで魂になったとはいえ、所詮は人間だ。まだまだ修行中の身であって、世の中の未来を暗示できるだけの力があるとはとても思えない。だけどそれを神様が教えてくれているとすれば……その謎も解ける。

「詩子さん、その神様の名前を教えてもらうことってできますか？」

僕は恐る恐る聞いてみる。

「構いませんよ。えーっとたしか……あめ……のみ……なか……ぬし、という神様です」

「あめのみな……、あっ。アメノミナカヌシ（天之御中主神）ですね！」

アメノミナカヌシといえば、古事記でも冒頭の天地開闢《てんちかいびゃく》に登場する神様で、「初発の神」とか「宇宙創造の神」とも呼ばれている。いわゆる高天原のフィクサー的な存在。なるほど、それなら腑に落ちる。古事記ではその後に登場するシーンはないけれど、実は後ろですべてを操っていたのかもしれないと、想像が膨らむ。

「いずれにせよ、あの世にも神様が関与してくる場合があるわけね」

ワカの言葉に僕も「そうだね」と同意する。

死んだからこそ、見えない世界の住人になったからこそ、わかることもある。そういうことなのかもしれない。そこで僕は思い出す。僕の著書『妻は見えるひとでした』では、愛馬やまちゃんの物語を書いたのだか、そこに記さなかったひとつの出来事のことを。

妻の愛した馬が高齢となり乗馬クラブに置いておけない（つまり、処分される）と知り、僕たちは彼を買い取って移動させた。それでも後年、だんだん動けなくなっていくので、さらに彼を預託する養老牧場を探して苦労したことがあった。にっちもさっちもいかなくなったときに、ふと思い出したのがガガのあの言葉だった。

「どうしても困ったことがあったら、あの神社の神様に頼るといいがね。きっといい方向へと導いてくれるだろう」

僕たちはその言葉に従い、あの神社に参拝して神様に祈ったのだ。どうか、やまちゃんが余生を送る牧場が見つかりますように、と。

すると翌日、ひょんなことから牧場が見つかり、その日のうちに牧場を訪れて話を聞いてもらうことができたのだ。そして僕たちは無事に彼に余生を送らせることができ、見送ってあげることができた。

それを手助けしてくれたあの神社こそ、福島県相馬市に鎮座する相馬中村神社であり、アメノミナカヌシという神様だったのである。

詩子レポート11
魂が生まれ変わる理由、それは「愛」だった。だけど……

私が死んでから少ししかたってないと思っていましたが、人間界では半年ほどの月日が流れていたようです。私自身も今後やってくる決断の時を待ちながら、魂の行く末を数多く見てきました。なぜ魂は生まれ変わるのか？　何を目的に、そして何がしたくて再び「生」を受けたいと思うのか。人は、生まれる環境を自ら選んできているのです。最近は「親ガチャ」という言葉がはやっていますが、そんな環境すらも自分で選んできたならば、そこにはどんな目的があるのでしょう。何をしたくて生まれてくるのでしょう。

そんなことを考えながら、一人ひとりの魂を見つめてきました。そこで私が感じたこと、そしてわかったことを、ここに記録として報告します。

幾度となく魂が生まれ変わってくる理由を、あなたは知っていますか？

「魂の成長のため」と、タカさんは言いました。たぶん、ガガさんや守護霊の暁さんからそう教えてもらったのかもしれません。ならば、魂の成長ってなに？　その意味するところがわからなければ、理解したことにはならないのです。

結論から言いましょうね。

それは、「愛情」を学ぶためです。

本当はこんなクサい話、したくはないのですが。だって恥ずかしいじゃないですか。

「愛を学ぶ」なんてこっぱずかしくて口にできません。ですけど、もう死んでしまいましたからヤケクソです。あ、ごめんなさい。ワカさんの口の悪さが伝染してしまいました。

話を戻しますと、愛情を学ばなければどんなに立派な人生に見えても、解脱、つまり魂の輪廻は終わらないのだそうです。何度でも生まれ変わっては、愛を学ぶために生き続けます。これまでにたくさんの魂を見てきて、その都度「なぜ生まれ変わるのか？」を、魂にインタビューしたり、付き添っていた守護霊に聞いたりしてきました。そこで得た結論です。ほかの霊体や死神さん、守護霊の方々からもほぼ同様の結論を頂いていますので、おおむね合っていると思います。

とはいえ、まだ問題は解けません。それは、愛のことを誰も知らないからです。

ここで言う「愛」とは一体何か？

月並みですが辞書を引いてみると、「誰かをいとおしく思うこと。異性を恋い慕うこと。愛でること。好むこと」などと出てきます。

例えば、これは私の経験からですけど、何の前触れもなしに一輪の花を贈ってくれるような男性は、強烈に心に残ります。ですから私があのとき彼に心を奪われたように、そしてきっと彼も同じ想いだったであろうあの感情を、「愛情」と呼ぶのでしょう。

彼が札幌にいた短い期間、私たちは競馬場に行ったことがあります。馬が好きと言っていた彼と一緒に馬を見たかったからです。夏競馬を開催していた札幌競馬場では、のちに競馬界を賑わす名馬たちが熱い戦いを繰り広げていました。

目的が競馬観戦だったのか、それともただ一緒にいたかっただけなのか、あっという間に時は過ぎ、夕方になる頃にはお腹がペコペコでした。楽しかったけれど、なんだか寂しくもありました。というのも、競馬を見ていると、「また馬の世界に戻れたなら」という思いを、どうしても抱いてしまうからです。そんな私の気持ちを察したのか、競馬場を出てしばらく歩くと、彼は思い立ったように「そうだ、うまいものを食べよう」とどこかに走り去っていき、少しするとビニール袋を手にして戻ってきました。

何だろうと思いつつも手に取ると、それはテイクアウトの天丼でした。

「あっちで食べよう。元気が出るよ」

そう笑顔で言い、近くの公園のベンチに座ってふたりで天丼を食べました。チェーン店の安い天丼だったけれど、これまで食べたどんなものよりも美味しく感じました。甘じょっぱいタレの絡んだ小指の先みたいな海老天に笑い、ゴムみたいなイカの歯ごたえに四苦八苦して笑いました。

彼は不器用で少し変わった人だったけど、なんだか温かい気持ちになりました。きっとこの感情のことを愛情と呼ぶのではないかと思うのです。

しかし、霊界で定義する「愛情」なるものは、少し違うようです。

もちろん、若かりし日に私がタカさんに想いを寄せたのも人間界でいえば「愛」だったのかもしれませんが、それとは違うものだと最近になって知りました。

誰かとともに居続けるのは、とても難しいことです。

想いが通じないこともある。言葉が通じないこともある。他人との意思疎通はとても難しく、お互いが一緒にいて心地いい環境をつくることは大変な作業です。

ちょっと自分の周りを思い出しながら想像してみてください。家族と一緒にいるだけでも、たくさんのつながりが生まれますね。例えば相手の親だったり兄弟姉妹、長い付き合いの友人だったりと、それだけでも関係する人は球状に膨らんでいくと思います。そこに新しく仕事の付き合いやママ友との付き合い、ご近所付き合いなどが生まれればさらに大きくなるでしょう。

若いときはそれでもなんとかやっていけるものです。だけど生き物は必ず歳を取ります。そしてどんどん弱っていって、いずれ死んでしまいます。すると、そのたびに誰かを看取ったり、あるいは看取られたりと、生命の移り変わりのようなものを経験します。

それを淡々とこなせる人などいないでしょう。

その都度、悲しんだり苦しんだり、時には受け入れられないこともあったはずです。それらをすべて受け入れていくのが、広い意味での「愛」だと聞きました。これこそが、愛情を学んでいる行為だと。

これはひとつの例として聞いてください。

ある死刑囚がいました。殺人や強盗、傷害事件を繰り返してきた人です。そんな死刑囚が実際に死刑執行されるときに、それまでお世話になった刑務官や教戒師に「ありがとうございました。お世話になりました」と言うのです。

それを聞いてどうでしょう？　あなたは、どのように感じましたか。意外とこれでみんなが騙されるのですが、やっぱりその人は犯罪者なんです。だから死刑囚になったのです。冤罪じゃない限りは、ね。

そして、その人たちはやがてまた生まれ変わるのです。もしかしたら逆の立場になるかもしれません。つまり、傷つけられる側です。誰かを傷つけたら、こんどは自分が傷つける側になってその気持ちを理解しようと考える。これが素の魂の考え方です。

やってやられて。やられてやって。それを繰り返しながら、世の中の摂理を学んでいくのです。そのサイクルが少ないほど、優秀な魂であり、魂が輪廻から外れる、つまり「解脱」するのが早いことになります。

ですが、ここまで聞いて皆さんはこの話から「愛」を感じましたか？　私はあまり感じませんでした。

ですが、これが霊界で定義する「愛」なんだそうです。

命は移り変わっていくものであり、生ける者は死に、死すれば再び若い命が生まれてくる。その流れの中ではやったことは返ってくる。傷つければ傷つけられ、救えば救われる。つまり、世の中とは大きな意味で公平なのです。ですからその摂理に逆らおうとするのではなく、それを受け入れたうえで最適な生き方を選択していくことなのです。

多くの人は、この変えようのない摂理を変えようとする。不満を抱き、文句を言い、そして宿命に抗おうとします。親が悪かった？　生まれた環境が悪い？　お金持ちの家に生まれたかった？　そんな変えることのできないことにこだわって、人生を諦めてしまう。

努力をしなくなる。霊界から見れば、魂の移り変わりから見れば、ただ公平なだけなのに。

それを何度生まれ変われば理解できるのか？　受け入れることができるのか？　そして、その与えられた環境、まあ実際は自分自身で選んできたわけですが、そこでよりよく生きようと真剣に取り組むことができるのか。

例えば、罪を犯して誰かを苦しめた場合、今度は苦しめられた相手の立場に生まれ変わり、自分のいたらなさを学んでいくということです。それができて初めて「愛情」を学ぶことができたと霊界は判断します。

つまりこれを、私たちにわかりやすい言葉で表現すると

「バカを直す」

の、ひと言に尽きるでしょう。

このように反省を促し、魂をみがく機会を与える仕組みこそが、霊界における最大の「愛」ということです。

花火

その日は、仙台八坂神社での夏祭りだった。

ワカには夢があって、いつか大きな花火を打ち上げたいと思っていた。ただし、個人ではそんな夢はなかなか叶いそうもないから、ご縁のあった八坂神社さんに相談をして夏祭りの特別協賛というかたちで、参加させてもらったのだ。もう、言いだしたら聞きやしないから、うちの妻は。

そんな「花火をドーンと上げちゃるぜ」という、長年の夢を叶えた日。

ちゃんと事前に花火工場を見学させてもらい、また自分の花火のイメージまで細かく伝え、こんなムードでこんな色でと、全体のイメージを伝えて実現した花火大会の当日。

境内には子どもから大人までが所狭しと賑わう雰囲気が満ちていた。おこづかいを握りしめた子どもたちが屋台や出店にワイワイと並び、高校生だろうか、男の子と楽しそうにはしゃいでいる浴衣姿の女の子の顔も見える。大人たちはビールを片手に、演芸コーナーの手品や三味線の演奏に耳を傾けて、楽しそうに笑っている。

天気予報は微妙で、昼間に雨が降り出したときは大丈夫かな？と思ったけれど、お神輿が出る頃には回復。雲の切れ間から陽光が差していたらしい。これも日頃の行いの賜物か？　と僕は都合のいい解釈でひとり悦に入る。

「いやー、いいねえ！　やっぱり夏は祭りだよ」

「ちょっと、タカ。もう飲んでるの？　まだみんな到着してないんだから控えめにしなさいよ、まったく」

ワカのお叱りの言葉も、頬を赤らめてご機嫌な僕にはもはや無力だ。

「まあまあ、いいじゃない。今夜はお祭りなんだから」

と、無礼をすべて神社と神様のせいにして2杯目を口にする僕。とはいえ心の中は、再び神様に足を捻られるのではないかとちょっとだけヒヤヒヤだ。

「おー、やっと着いた」

人混みに紛れて、大きな声とともに派手なアロハシャツが近づいてくる。

「めーっちゃ混んでんな。駐車場がどこも満車でさ……ってか、タカもう飲んでるし！」

「あ、ホントだ。タカさん早速飲んでる」

後からやってきたのは、友人のアキラとかのんさん夫妻だ。

「悪い。じゃ、かのんさんの分だけビール買ってくるわ。アキラは運転があるからウーロン茶でいいな。あと……やっぱりジュースがいいかな？」

僕は視線を落としながら尋ねた。アキラと同じ柄のアロハシャツを着た小さな男の子が、笑顔で「じゅーすじゅーす」と跳びはねる。

「かのん、今日は飲めるのね。んじゃ、グイッといこう」

「もちろん！　ねえ、ワカちゃん、覚えてる？　昔ここの境内で追いかけっこしたの」

「覚えてるよー。そこの石段から向こうまでグルッと一周。かのんは全然息が上がらずについてくるんだから、さすが登山で鍛えているだけのことはあったわ」

そうだ、かのんさんは登山が趣味だった。子どもが生まれてからはお休みしているらしいけど、大きくなったら家族三人でまた登りたいと言っていた。アキラは嫌がっているけど（笑）。

「そうだ、かのんさん。今度僕、京都の愛宕山に登るんだよね。どんな装備で行けばいいだろう？　そのへん、ぜんぜん知識なくてさ」

「愛宕山？　山頂に本宮があるのよ。タカさんのことだから登山というよりも参拝になるんじゃない？　京都では、比叡山と並ぶ信仰の山として有名で……」

ピンポーン！と、僕は人さし指を立てる。皆まで言わずとも理解してもらえるのがありがたい。さすがは長年の友人である。

そんな感じで、登山道具を購入するうえでのアドバイスや最近の出来事、そしてこの花火を上げることになったいきさつと、その熱い思いを込めたワカの感動の演説を聞きながら楽しい時間は過ぎていく。途中からワカの両親や、この日のために気仙沼から招待した僕の両親も合流し、盛り上がりは最高潮になっていった。

「さあこれからメインの花火が上がります。バックミュージックは、こちらの皆さんです」

司会の女性が壇上の三味線奏者を紹介すると、演奏が始まり境内は熱気に包まれていく。曲は「打上花火」だ。

三味線の音色とともに、ドーンと腹に響く音がして、花火が夜空に大輪の花を咲かせた。

「余韻のある、心に焼きつく花火にしてほしい」

そんなワカのリクエストに花火師が応えてくれたのだろう。パッと開くと尾を引いて、地上すれすれまで垂れ下がり、ハラハラと光が消えていく。冠と呼ばれるこの種の花火は、子どものおかっぱ頭を「カムロ」と言ったのが語源のようだ。

まるでしだれ柳のような尾で、ゆっくりと落下していく姿が余韻を残し、より一層の情緒を感じさせる。ふと横を見ると、ワカがチーンと鼻をかんで、涙をにじませていた。ようやく願いを叶えた嬉し涙か、はたまた自分の花火に見入ってくれている人々の姿への感動か、いずれにしろ「妻よ、いい花火だね。こんなにおもしろいことはキミにしかできないよ」と、僕は思った。

そして同じように、この花火を別の思いで見ていた人がいた。

詩子さんだった。

人でごった返した境内でも不思議と誰にもぶつかることがない。だけど花火だけは生きている人も死んだ人も同じようにどこからでも平等に見える。

ああ、きれいだな。あでやかに咲いて、空に未練があるかのように消えていく。

気がついたら、顔が冷たい。濡れているようにも思えた。あれ？と思う。目から涙が溢れていた。私、もしかして泣いてる？

もちろん魂なので、実際に涙が流れ出るわけはないのだけれど、なんだかそんな気がした。

これはきっと心が泣いているんだ。心から溢れてくる涙を押しとどめることができないまま、私はただただその感情に身を任せていた。

なぜ？　どうして？　そうか……。

「私は死んじゃったんだ。もうこの世にはいないんだ」

そのとき、私は初めて自分の死を実感した。ずっと頭ではわかったつもりではいたけれど。冷静に判断していた気にはなっていたけれど。今この瞬間に、心からそのことを感じている。自分が死んでしまったこと。この世にはもう居場所がないこと。大好きな家族とこうして花火を見上げることが二度とできないと、改めて気がついたのだ……。

日本の花火は、江戸時代に八代将軍徳川吉宗の時代に慰霊と鎮魂のため隅田川で打ち上げられたのが由来だそうだ。そのせいか、今でもお盆に打ち上げることが多いけれど、やっぱり花火にはちゃんと慰霊の役割があるんだな。

だってそのとき、境内には私以外にもたくさんの死んだ魂がいて、夜空に咲く花火をじっと見上げていたのだから。

何か夢を見ているような、そんな感覚だった。

そうか……私もう、みんなに会えないんだ。

鎮魂のための花火。

慰霊の花火。

人々が集い、みんなで見上げてその美しさに魅了される。

そして、それぞれ思い出すのだろう。

ある人は、好きな人と一緒に見た花火を。

ある人は、家族とともに幸せだった時間を。

ある人は、仲間とともに騒いだ青春のときを。

生きてる人も、死んだ人も、みんなが平等に。

「仏の三大供養」は、お香の「香」、蠟燭の「灯明」、そして「花」だけど、花火はそのすべての要素を備えているから、死者の魂を慰める効果があるのだ。

サヨナラ、この世……。

私はひとり涙をぬぐった。

第3章

神仏の手のひらの上で転がされ……

ダーキニー　ある女尊の呟き

その男性は笑っていた。もう命が尽きようとしているのに。

今日は娘の結婚式なのだと、嬉しそうに私に語ってくれた。だから、カッコいい姿で門出を祝ってあげたいと、私を指名して朝早くからこの小さな美容室に来てくれたのだ。髭をきれいに剃って、白髪交じりの髪型を整える。髪にスッと櫛を入れると形のいい額が現れて、ますます清々しい表情に見えた。特別なことをしたわけではないけれど、「いつもありがとう」と、とても喜んでくれた。

私がここに来たのはたった半年前だったけれど、その短い間に、家族のことをたくさん話してくれた。高校時代から付き合って、何度か別れたりくっついたりしながら、結局は結婚して今は平凡に過ごしているという奥さんのこと。この間まで学生だったのに、いつの間にか社会人になって、恋人を連れてきた娘さんのこと。そして、義理の息子になる娘の彼氏のこと……。「ちゃんとやれるのかなあ。大丈夫なのか、親としてはいつまでも心配だよ」と、その人はいつもそう言っては苦笑していた。夫婦や親子だからこそ、言えないこともある。髪を切ったり、髭を剃ったりの短い時間だけど、私は時にただ話を聞き、また時には自分の気持ちを言わせてもらった。それが役に立ったのかはわからない。それでも、今日の笑顔が答えなのだと信じることにした。

「いい結婚式を」

そう言って見送った背中は、どこか誇らしげだった。

娘をお嫁に出すことは、父親にとってはどこか寂しいことなのかもしれない。それでもここまで育ててきた誇りと、我が子に幸せになってほしいと願う気持ちが、あのピンと伸びた背中に表れている気がした。

私は願う。どうぞいい結婚式を、そして……。

その背中に、聞こえないように呟いた。

「最期まで幸せな時間を……」

その男性が交通事故で亡くなったとテレビのニュースで流れたのは、1週間後だった。

たとえ人の寿命を知っていても、私にはそれを止めるすべがない。

いや、むしろ死んだ人間の臓器を食べることでしか生き永らえることができないのだから、せめてその人を私の一部として生かしてあげたいと、そう思うようになった。今ではそんなことをしなくても生きられる身体にはなったのだけど。それはすべて、この日本で生きる権利をもらえたからなのだ。

かつてダーキニーと呼ばれていた私は、一面三目で頭に5つのドクロが付いた宝冠をかぶり、右手には刀を、左手にはカパーラと呼ばれる頭蓋骨を捧げている姿で描かれた。チベットの修行僧の導き手だったが、中国やインドでは人を喰らう夜叉や鬼神として恐れられた。だけどそれは仕方ないじゃないか。人の肝を喰わねば自分が死んでしまうのだから。だけど、この日本に来て大きな転換期が訪れた。お釈迦さまと呼ばれるその男は、私たちを荒野に呼び寄せると、大黒天の姿になって私たちを一気に呑み込んだ。もうだめだと思った。死んでしまうのだと覚悟したそのときだった。

彼は私たちに問いかけてきた。

「なぜ人を殺めるのか？」と。

私たちにも言い分がある。何も好きこのんで殺戮しているのではない。食わねば自分たちが死んでしまうのだと、そう必死に訴えた。すると彼は言ったのだ。

「ならば、死んだ人間のものを喰らうがいい。そのためにおまえたちに、人の死をあらかじめ知る能力を授けよう」

そう言って、私たちを吐き出した。

それから私たちには、人の寿命を死の半年前に知る力が備わったのだ。これならば、新鮮なままにその人間の臓器を喰らうことができる。

だけどそれから月日が流れていくうちに、日本人は私たちを荼枳尼天と呼び、人の死を予知できる能力から「未来を予知する神様」として崇めるようになったのだ。時に狐や天狗を操って、様々な妖術を使うともされた。稲荷神や弁財天と同一視されたこともあった。

私たちはただ、自分が生き永らえるために人が死ぬ時期を知りたかっただけなのに。

それでも、皆が私たちを敬い祀ってくれるならば、なんとか力になりたいと思うようになったのには自分でも驚いた。ずっと怖がられ、恐れられているばかりだったのに……。

そう、私は嬉しかったのだ。自分を慕ってくれることが。祀ってくれることが。

だから、死期が近い人を見つけると、せめて死ぬまでの半年は絶対に守ってやろうと思ったのだ。死を迎えるその瞬間までは、幸福を味わってもらえるように、と。そのほうが美味しく肝を喰えると思っただけなのかもしれないが、どんな形であれ、あんなに嬉しそうな笑顔を見られるようになったのが、ただ嬉しかった。

この能力と、できる限りの力を使って、人々の願いを叶えてやろうと思った。それがいつしか、行く先々で「邪法」と言われるようになるとは。人間とは所詮、弱き者だと感じる。

おや？　また私の住む社《やしろ》に誰かがやってきたようだ。見覚えのある顔。もしかしたら以前、博物館で会った男ではないだろうか。チベットにいた頃の私の姿を見て、それはもうウットリしていたからよく覚えている。多くの人は、ドクロに身を包んで牙を剝く私の姿に恐れをなすけど、たまにそんな変わったご仁もいるのだ。

年は中年、背は高く、彫りが深い顔立ち。ただ、なんだか僧侶みたいに髪がない。これじゃあ美容室で待っていても縁がなさそうだ。とはいえ、この男、なかなか私から離れない。舐めるように私を見て、細部までその瞳に焼き付けようとしているみたいだった。

ふと、思う。この男を見張っていようか。ついていったらどうなるのだろう。もしかしたら、それがキッカケで私が世に出られるかもしれない。つまりは、生まれ変わることができるんじゃないだろうか。私の中のいたずら心に火がついた。

決めた。この男についていこう。

ま、こいつ、ぜんぜん好みじゃないけどね。

初対面

仙台随一の繁華街である、国分町の夜は賑やかだ。

その日は、お世話になっている神社の宮司に誘われて、旨い魚とお酒に舌鼓を打った。「おう、小野寺くん。もう一軒いこうよ」という声に「はい、よろこんで」と、ホイホイ乗り、ヨーコママの店「巴里《パリ》の猫」で黒ビールを飲み、いい感じに酔っぱらったところでお開きになった。「また、よろしくお願いしまーす」と頭を下げ、フラフラと歩きだした僕は、ふと「なんか、牛タン食べたい」と思い立ち、一番町のアーケードから細い路地を入っていった。すでにお腹はいっぱいなのに、どうしてかはわからないけど、とにかく牛タンで〆の一杯を、と思ったのである。

目的のお店は、仙台名物牛タンの発祥の店としても有名だ。初めて連れてきてもらったのは高校生のとき、高校野球の宮城県大会で仙台を訪れた際に、先生が部員たちを連れていってくれた。お店の名前は覚えてなかったけど、大学時代にはるばる山形から食べにきたときに「あ、ここだ！」と、改めて認識して懐かしく感じたものだ。

しかし、というか、やっぱりというか、店に着いてみるとすでに暖簾が下りて、店じまいしたあとだった。

「ううむ、さすがにこの時間まではやっていないか。仕方がない、帰ろう」

僕は独りごちると、踵を返す。するとその時、目の前にぼうっと2つの提灯の明かりが飛び込んできた。ん？　なんだ、酔いが回ったか？　僕は頭を振る。そして、もう一度周りをよく見てみた。

「あ」

見れば、朱色の鳥居がある小さなお社が目の前にある。

こ、こんなところに神社が？

そう思い、よーく見てみると赤い幟《のぼり》には大きく「豊川稲荷」とある。豊川稲荷は日本三大稲荷としても有名だ。何度もここを通っているのに、これまで全然気にも留めなかった。しかし、これもきっと神様のご縁。そう感じて、とりあえず手を合わせようと、財布から百円玉を2枚取り出す。最近では、神社のお賽銭を金融機関に預け入れるのにも手数料がけっこうかかるため、一円玉や五円玉が多いと逆に手数料のほうが多くなりマイナスに。それが神社の経営を圧迫する一つの要因になっていると聞いたばかりだった。それで、できるだけ大きな額の小銭をお供えしようと思ったのだ。

善は急げ、まずは行動で示すべし。

僕は2枚の硬貨を賽銭箱に投げ入れると、手を合わせた。

「はて……鳥居があるから一見、神社みたいだけど、たしか豊川稲荷ってお寺だった気が」

判断がつかず、お寺だと二礼二拍手一礼は失礼だと思い、僕はそっと手を合わせて頭を垂れる。夜の繁華街に浮かび上がるように鎮座するお社は、それだけでどこか怪しいムードがあった。

由緒書きがあったので目を通してみると、どうやら江戸時代の名代官、大岡越前も信仰していたらしい。すると「吒枳尼真天」という文字が目に留まる。「だきにしんてん」と読むみたいだ。

「ん？　稲荷神社ではウカノミタマが一般的だけど、お寺だと御祀神が違うのか？　まったく日本の神仏は摩訶不思議かつ複雑怪奇だよ」

と、言ったかどうかは定かじゃないけど（いや、言ったね）お寺に対して御祀神という言い方はどうかと思いつつ、僕は素早くスマホに指を滑らせる。検索すると、一般的には「荼枳尼天」というらしかった。仏教の神であり、夜叉の一種とされる。もともと、インドでは裸身で虚空を駆け、人肉を食べる魔女として恐れられていたとか。その正体はジャツカルとも言われ、日本では容姿の似ている狐と同一視、稲荷信仰と混同された。

「なるほど、それで稲荷のお社にいらっしゃるわけだな……」

そう納得しかけたときに、次の文字に目が釘付けになる僕。

【その頃の名前は「ダーキニー」】

ダーキニー、ダーキニー……。ハッとして、息を呑んだ。

そうだ、忘れもしない。僕は一度、その姿に魅了されたことがある。

そう。あれは東日本大震災の前年、2010年のことだった。僕は仙台市博物館で開催されていた「聖地チベット　ポタラ宮と天空の至宝」を鑑賞に行ったのである。

今となっては、なぜそんなに興味をそそられたのかはわからない。神様や仏様といった信仰について書き始めたのはそれからずっと後のことだし、楊海英《ようかいえい》先生の『墓標なき草原』を読んで、文化大革命による中国支配の歴史に興味を持ったのもやはり何年も後のことだ。

こんなふうに「なんであのとき、あんな行動を取ったのだろう?」と感じる出来事はきっと、何かに操られているのだと思う。だって理由もなく自分で行ったことならば、きっと別の意思が働いているはずだから。まあ、それに気づくのもずっと先の話になるのだけれど。往々にして、そのときには気がつかない。

「世界の屋根」とも呼ばれるヒマラヤ山脈の麓に位置するチベットには、昔からインドやネパール、中国などから様々な文化が伝わってきて、発展してきた歴史がある。なかでも、厳しい自然環境のもとで暮らす人々の信仰のよりどころとなったチベット仏教には独特の風習が根付いている。

館内に展示された仏像や仏画、儀式のための道具や衣装など、日本の仏様とは様相を異にする雰囲気が醸し出されていた。何より惹かれたのが、数々の仏像だった。それらは本当に血が通っているかのような肌をしていた。細部に至るまで緻密で、「生」を感じるその目には何度もドキリとさせられた。

「なんと素晴らしい」

高揚する気持ちを抑えながら僕は、ゆっくりと奥へ歩を進めていった。大黒天であるマハーカーラー像は、3つの目を持ち、頭にはドクロ宝冠、紅色の髪を逆立てて目を見開き、その口には牙がある姿で悪魔を踏みつけている。大黒天のふくよかな体でニコニコしながら打ち出の小づちと袋を持ち、米俵の上に乗っている姿とはずいぶんとイメージがかけ離れていた。

緑ターラー座像は、観音菩薩の瞳から放たれた光明より生じたとの説明書きがあるが、その目つきには隙がなく、そして鋭い。厳しい環境を生き抜くために、強く厳しい神仏を求めた結果なのだろうか。もしや、この姿が本来の姿なのじゃないかとも思う。

そして、彼女はその隣にいたのだ。美しい顔立ちの額には第三の目があり、頭にはやはりドクロのついた宝冠をかぶっている。これまたたくさんのドクロが連なった首飾りをし、左手で酒でもあおるかのように、血の滴るシャレコウベを捧げている。その両足で、やはり悪魔なのか、しっかりと踏みつけている2体が見える。見開いた目と牙の生えた口を開くその様相はとても恐ろしく感じるはずなのに、なぜだろう、僕は目が離せなかったのだ。美しすぎて……。

その顔立ちや体の造形など、すべてが寒気がするほど美しかった。きれいに感じた。一目惚れだ。僕は一瞬で恋に落ちたような感覚を覚えた。

「仏像に一目惚れ？　そんなバカな」

自分に戸惑いつつも、そのとき、確かに僕は魅了されたのだ。すぐに売店コーナーに走り、展示物を掲載した図版を買い求めたのは言うまでもない。

その後、チベットに関する催し物があると「彼女」に会いたくて必ず足を運んでみたが、それ以来会うことはなかった。しかし、彼女はすでに日本にやってきて、荼枳尼天と名を変え、信仰の対象として息づいていたことを、そのときは知る由もなかったのだ。

そしてここで、再び出会うことになるなんて。

子どもには見える

「そういえば」と、そこで我に返る。

彼女と初めて出会ったのは博物館だった。博物館では常設展示はもちろんのこと、企画展示では毎年多くの古い歴史や由緒のあるものがしばしば、人の目に触れることになる。

長い年月を経た道具や器物には魂が宿り、やがて妖怪になると古くから日本人は信じてきた。それが「付喪神《つくもがみ》」という存在だ。特に100年以上使われたものには特別な霊力が宿るともされ、この概念は日本文化に深く根付いてきた。

特に昔は今ほど医療も発達していない時代だから、まさに「七つ前は神の内」の時代で、その祈りや念の力は想像を絶するものだっただろう。

日々、人々が生活するために使っていた道具だったり、子どもが愛情を寄せた人形などだけでなく、生死をかけて戦ったときに身につけた鎧兜や、命を守ってもらうために必死で祈った神仏の像だったりすればなおさらだ。

そんな付喪神が日々訪れてくる博物館が、不思議な空間を生み出すことはままあることなのかも。そしてそれを敏感に感じ取るのは、子どもだったりする。

これはワカが子どもの頃に実際に体験した話だ。ニュースにもなったので、もしかしたら知っている人がいるかもしれない。

ワカが小学生のときに、課外活動で近くの博物館に行った際の話である。

博物館には当時、市内で発掘された遺跡や古代から近代までの生活の移り変わりなどを模型や人形展示で説明していた。稲作の始まり、国家の成立、武士の台頭、神仏の歴史など、高尚な展示なのだろうが、小学生にとっては退屈極まりない。ワカも例外ではなく、足早に展示室を回ると、扉を開けて奥へ進んでいったという。

博物館の裏手に、広い中庭を見つけたのはそのときだった。

植樹された木々が小さな池をぐるりと囲み、日差しを浴びてキラキラと輝いていた。その光景は、とても開放感溢れるもののはずだった。

しかしなぜかワカは、寒気を覚えてブルブルと震えだした。ものすごい閉塞感を感じて、両手で体を包むとしゃがみ込んでしまった。

ふと近くに同級生の男の子がいるのに気づいた。その子はワカのほうにやってくると、

「大丈夫？」

と手を差し伸べてこう続けた。

「キミもわかる？　ここ、なんか怖いよね。ちょっとヤバい気がする」

そのとき、ワカは自分の感覚が間違っていないこと。そして同じ感覚の人がいるということに安堵したという。

その日の夜、ワカは熱を出して寝込んでしまった。

しばらくして、博物館の中庭から、白骨死体が発見されたというニュースが報道された。古い時代の白骨で、事件性はないということだった。

そう、子どもは意外とわかっている。時折変なことを口走る子がいたとしても、「もしかしたら？」ということを念頭に置き、バカにしないことだ。そのひと言に救われる場合だってあるのだから。

そして同時に、博物館とか美術館というところは、何か特別な空間のような気がしてならない。

様々な念のこもった美術品に骨とう品、歴史的な遺物に至るまで、多くの付喪神が訪れては去っていく。それが当たり前になっている場所だから、通常ではありえない出来事が起きたとしても不思議ではない。そう、僕が彼女と出会ったのも博物館だったから。

そして僕は、仙台の繁華街で彼女と再会を果たしてから、不思議な縁がするするとつながっていくのを感じることになるのだ。

タンユウ　人は心に残るものに引き寄せられる。

たしかに、だ。「辰年は動くぞ」とは、ガガから言われていた。何より、龍神自らが言うのだから間違いなかった。というのも辰年は、過去の歴史を見ても、大きな転換点になる出来事が多く起きた事実がある。

明治維新のきっかけである戊辰戦争や西欧列強のアジア進出を防ぐことになった日露戦争が起きたのも「辰年」だった。まさに「変革」の年。

それと同時に、日本初のドーム球場である東京ドームの誕生や東海道新幹線の開業、それに青函トンネルや瀬戸大橋の開通など国家が大きく「拓ける」きっかけとなる年でもあるわけだ。

まあ、僕に起きた出来事がそんな国家レベルで歴史に残るかどうかは別にして、少なくとも僕にとっては、そしてこの本のネタになるには十分な出来事だったのは間違いない。

そう、あれは年が明けて1か月ほどがたったときだ。僕はふと思い立ち、栃木県日光市に鎮座する日光東照宮へ行った。

日光は中学時代に修学旅行で行っただけで、なんとなく遠いイメージがあったが、調べてみると仙台から新幹線と日光線で、およそ2時間で行けることが判明。意外と近い！ これなら日帰りでサクッと行けそうだ。早速、新幹線のチケットを取り、思い立った2日後には旅立っていた。計画重視の僕としては、非常に珍しい急な出発だった。

新幹線やまびこを宇都宮駅で降り、そこからは日光線に揺られて40分。最寄り駅からはバスも出ているので、思った以上に楽に行けた。

神橋というバス停で降りると、橋の袂に銅像が見える。近づいていくと厳しい表情で東照宮の方向を見つめる僧侶の姿があった。台座には「天海大僧正」と刻まれていた。もちろん知っている！ ふふふ、僕は歴史にはけっこううるさい。天海僧正といえば、徳川家康の片腕として徳川幕府の基礎を築き、二代秀忠、三代家光と3代にわたって徳川家を支えた、いわばブレーンだ。しかし、それまでの経歴は謎に包まれているために、「天海僧正の正体は、明智光秀だった」という説まである。実は僕はこの説が密かに好きで、今もそうであったと信じているひとりなのだ！

さて、現地に着いてまず驚いた。日光東照宮の、なんとまあ美しくきらびやかなこと！修学旅行とはいえ、こんな美しい聖地をほとんど覚えていないとは……、やっぱり訪れる年齢で受ける感覚が違うのだなと感じた。

日光東照宮といえば「見ざる・言わざる・聞かざる」の三猿や、家康公の墓所がある奥社への参道入り口の「眠り猫」、それに龍の絵が鳴くという「鳴龍」などが有名だけど、興味深かったのが、鳴龍が描かれた場所が、薬師堂であることだった。

「神社に薬師堂？　どうしてお寺があるんだろう？」

そう。日光東照宮は神社にもかかわらず、境内にお寺がある。そこで僕は改めて、日本で平安時代から続く、神仏習合の歴史を認識したのだ。奈良時代に仏教が伝来すると、日本の八百万の神様も仏教によって救済されるべき存在と考えられ、神様を救済するお寺まで建てられた。これを神宮寺という。同時に、神様は仏を守る存在でもあるという考えが広まっていった。これはもともとインドの神様が、仏法を守る存在だったことから発祥したと僕は考えている。日本のお寺に毘沙門天や弁財天がいらっしゃるのはこのためだ。

そして平安時代に入ると、「仏こそが神様の真の姿（本地《ほんじ》）であり、神様は人々を救済するために現れた仮の姿（垂迹《すいじゃく》）である」という「本地垂迹説」が定着していった。

頭ではわかっているけれど、実際に神社の境内に立派な、しかも観光名所ともなっているほどのお堂が、堂々と鎮座しているのを目の当たりにすると、この国で仏教と神道、仏様と神様がうまく融合してきたことを否応なく実感する。

そんな感じで日光東照宮での参拝を終え、宇都宮駅に戻ると僕は、「さあ、お供え物はないけど直会《なおらい》だ」とばかりに、いそいそとお店を物色し始めた。

「ふふふ、宇都宮といえばやっぱりギョーザだろう。駅にはギョーザのビーナスもいることだし」

と、駅前のお店に入る。

「ギョーザといえば、やっぱりビールだろう。へい、お兄ちゃん、生中！」

グビグビグビ、プハー！　ビール片手に餃子に舌鼓を打つ。もちろん、ワカへのお土産を買うのも忘れない（忘れたらエライことになる）。そうやって楽しい日光東照宮への参詣は終了した……はずだった。

お土産の餃子をワカがモグモグし、再び自宅で一杯やって気持ちよく床に就いた。

コトは、深夜に起きた……。

ここからは実在した方の名前も出てくるけれど、そのまま記させてもらうことにする。本当にその人だったのか？　ほかの霊体がそれを騙っていたのかはわからない。だがしかし、これだけは言える。

僕もワカも、彼の存在、そして名前も知りませんでした（不勉強ですまん）。


「失礼いたします。あの、こちらは何処で？」

深夜の寝室、電気がパチパチする。あ、久しぶりの霊の気配……。

囁くような声で目を覚ました僕は、ワカの口を借りてしゃべるそんなセリフを耳にした。

「……って、言ってるけど。誰、この人？」

通訳のワカは眠りを邪魔されたからか、ちょっとご機嫌斜めである。ただ、そのムードとは裏腹に、部屋に漂う空気はとてもやわらかい。誰だかわからないけど、これは危険な存在ではなさそうだ。ほ、よかった。

「私はタンユウです。気づいたらヒュッと来てしまいました。象の前でお会いしましたね」

「ゾウの前……？」

ゾウ？　象のこと？　いや、僕は動物園になど行ってない。じゃ、像？　別に美術館にも行ってないぞ？　はてな、と僕は今日の出来事を振り返る。

新幹線で宇都宮駅に着くと、日光線で乗り換えて日光駅まで行った。そこからバスで東照宮の入り口にあたる神橋まで行き、東照宮へ参拝。僕はそこで見た光景を思い出す。

もしや天海僧正の「像」か？　いや、それにしては口調が穏やかで、それにこれは勘だけど、天海僧正ではない気がする。では、その像の前にほかの霊体がいた？　ううむ、とりあえず記憶をたどってみよう。僕は再び、起きたことを時系列で再生していく。

黒田長政が奉納したという大きな石の鳥居をくぐり、五重塔を横目に拝観券を購入した。自動券売機になっているのがまた、現代の観光地らしい。そこから表門をくぐると、あのきらびやかな装飾に彩られた建築群が目に入ってきたのだった。真っ先に目に飛び込んできたのは、「三神庫《さんじんこ》」と称される3つの建物で、ここにはかつて、馬具や装束類が納められていたという。

そこで僕は何か引っかかるものを感じた。もう一度今のシーンを回顧する。チャカチャカチャカチャカ、記憶巻き戻しの音。

「ん？　そういえばあそこに……」

三神庫のひとつ、上神庫の南側の妻に、奇妙な姿の白い象の彫刻が2頭あったのを思い出したのだ。だとすると……。日光東照宮の彫刻を担当したとされる幕府の御用絵師、その名も……。

「狩野探幽《かのうたんゆう》です。はい、今日、象の前でお会いしました。あなたをずっと見ていました」

僕の思考に反応するように彼は答えた。

「あぁ、はい！　たしかにあの白い象、美しくてずっと見てました！　あ、スイマセン、えーと……は、はじめまして」

歴史上の偉人を名乗る人物の突然の登場に戸惑い、さて、こんなときはどのように対処すべきかを考えながら、とりあえず挨拶をしてベッドの上でペコペコ頭を下げた。そしてワカの通訳で、探幽さんは訥々と話し始める。

「私はずっとあの場所、私の作った象の彫刻の前で皆さんを見ていたのです。長い間ずっと。今日あなたをお見かけしたのも、そんなときでした。熱心に見ているなあと思って、そうしたらヒュッと来てしまいました。これまでも三度、こういうことがありました」

「三度？　というと、こんな感じで誰かについていってしまったのですか？」

僕の疑問に答えるように彼は、とはいってても姿はワカだけど、穏やかな笑みを浮かべながら楽しそうに何度も頷く。

「はい、そうなんです。私にもどうしてこんなことが起きるのかまったくわかりません。ですが、これまでは共通点がありました。一人めは私のことを知っていました。二人めは日光東照宮がとても好きでした。三人めは地元、日光の人で足繁く東照宮にお参りしてました。いずれも今回と同じように、私がどなたかに入ってお話をしました」

なるほど、と僕は状況を整理する。

どうやら僕が東照宮の上神庫の前で象を見ていたので、ヒュッと僕についてきてしまったらしい。果たしてこの現象に何か意味があるのか？　それともただの偶然か、気まぐれか？　まあ、どうでもいいや。

これまでの経験から、すべての出来事に意味を見いだそうとするのはやめようとその場で判断する。神様は気まぐれ、見えない世界は本当に気まぐれなのである。何らかの意思があってこんな現象が起きたとしても、それを自分で探そうとするほど無意味なことはない。必要なことなら、きっといつかわかるはずだ。

そして僕は、今は西暦で2024年で、探幽さんが生きていた時代からは400年ほどが経過していること、ここは仙台で、400年前は伊達家が治めていた土地であることなどを説明した。

探幽さんは、そうですか、とこれまた嬉しそうに言うと再び語りだす。

「私は徳川家の絵を描きました。描きたい絵ではなく、言われた絵を描き続けました。狩野派には多くの絵師がいて、集団で描いていましたが、家光公が依頼する絵はできるだけ私が描いたのです」

そう言って懐かしそうに目を細めた。僕が絵師について詳しいことを知らないだろうと配慮してか、ビックリするほど丁寧に説明してくれる。そんな話をしてくれるのがありがたい（けど、僕は専門じゃないからあまり詳しくはわからなかった、ごめん）。とても穏やかで優しい人だったのだと、想像を膨らませる。

「家光公とは歳も近く、仲がよかったのです。その頃、象は日本にいませんでしたから私は想像で象を描きました。一度、本物を見てみたかったですねえ。龍と虎と獅子は、家康公がとても好きでしたから、よく所望されました。しかし、龍というのは400年を経ても皆が知っていて憧れる存在なのですね。昔の人には普通に見えたのだと思いますよ」

ん？　ということは、江戸時代にはすでに龍は見えなかったのか？　平安の世には物の怪とともに生きていた絵図がたくさんあるので、その頃は見える人がたくさんいたのだろうか？　そんなことを想像してしまう。そもそも400年前の人と話をする機会などないから、とても興味深い。

そして現代の様子を見ていて、当然、疑問を口にする。

「あの、4年ほど前にぱったりと出歩いてる人を見かけなくなったのですよ。なぜでしょう？」

「あぁ、あれね。あれはですねぇ」

4年前といえば、世界中で新型コロナウイルスが蔓延し、日本でも緊急事態宣言が出された年だ。観光客も一気に減り、探幽さんも不思議に思っていたのだろう。僕がそれを説明すると、

「なんと、そうでしたか。400年たっても疫病は同じようにあるのですねぇ。くわばらくわばら」

と、納得したような表情で頷いた。

そして最後に「私が来たことで、残り香があるかもしれません。縁もゆかりもない土地

に来ましたので」と言うと、すっとワカの身体を抜けて帰っていった。

残り香？　狩野探幽ほど名高い絵師の残り香ならば、僕もその影響で絵がうまくなったりするのかな？　などと勝手な期待をしたものだが、そんなことはなく。僕の描く絵は相変わらず凡庸なものであったのは、言うまでもない。

ちなみにその後、氏神さまである仙臺総鎮守愛宕神社で、なんとビックリ狩野探幽作の伊達政宗の絵を見つけた。また別の機会に訪れた仙台東照宮にも、狩野探幽作の軸物があったと知り、どこに行っても狩野探幽の何かが出てくるので、「残り香ってこれか、残り香っていうよりリアルじゃん」と思ったものである。何はともあれ、何らかの縁でつながっているのかな、と思った僕であった。

上神庫の、２頭の象の前で撮った写真を眺めながら、

「本当に実在したんだなあ、狩野探幽」

そうぽつりと呟く僕なのだった。

仙台、米沢、白石、そして京都へと不思議なつながりを体験

その日を境に、僕はこれまでにないほど精力的に旅に出るようになった。まるで何かに

背中を押されるかのように。

ここから少し、私事にわたるが聞いてほしい。


日光東照宮参詣の翌月、氏神さまである愛宕神社にて鎮火祭が斎行された。鎮火祭とは、火伏せの神様をお祀りする愛宕神社において最も大切にされている神事だ。棒状の木材をくぼみのついた木の臼に押し付けて回転させ、その摩擦により火をおこす「火鑽《ひき》り」という方法でおこした神聖な火を、火を司る神様が荒ぶることのないよう匏《ひさご》によって水（ミヅハノメ）を注ぎ、埴土（ハニヤスヒコ・ハニヤスヒメ）は川菜にて古来から受け継がれた方法で鎮めるのである。そのあまりに厳粛な空気を感じながら、無事に神事を終えると、僕たちは大広間へと案内され、そこで直会となったのだが、目の前に飾られた掛け軸に僕の目は釘付けになった。

そこに描かれていたのは、日の丸の旗指物《はたさしもの》を背負った甲冑姿の伊達政宗で、それはなんと狩野探幽によって描かれたものだったのだ。

「マジかよ、このタイミングで……」

そう感じたのもつかの間、この日の直会会場での出会いからまた、僕はとんでもない流れに身を置くことになったのだ。それから3か月後のことである。

その日、僕は京都に向かう新幹線の中で人気の駅弁「牛肉どまん中」をワシワシと食べていた。甘辛い味付けの牛肉と、ほどよくタレがしみたごはんがよく合う。うまい、これはうっかりビールを飲んでしまいそうだ。いやいや、いかん。これから連載をもらってい る出版社に行き、その後はいろんな勉強があるのだから……。ビールは夜までお預けとしよう、僕はそう思い、せっせと箸を動かす。

隣には仙台と米沢の愛宕神社の宮司さんが並んで座っている。なぜこんな流れになったのか？　高名な宮司さんたちにお供することになったのか？　僕はふと箸を止めて、不思議な感覚で流れる車窓の風景に目をやった。

「おっ、このあたり私が若い頃にお勤めしていた神社があるんだよ。そうそう、向こうの方角だ。思い出すなあ」

そう言って指をさすと、懐かしそうに目を細める。そんな宮司さんたちと目指しているのは、総本宮 京都 愛宕神社である。

京都でも指折りの標高を誇る愛宕山の山頂にあり、火伏の神様として全国的にも有名なパワースポット。地元・京都では「愛宕さん」として親しまれている。しかも今回、お供する宮司さんおふたりの神社とのつながりにも驚いた。

まず、仙台の愛宕神社は僕の氏神さまだ。仙台市街を見下ろす眺望も素晴らしく、散歩がてらしょっちゅう境内にお邪魔しては手を合わせている。最近では、鎮火祭だけでなく、月並祭や秋季大祭にも参列させていただき、夏祭りでも御神輿渡御や縁日のお手伝いもさせてもらっている。

そして山形県米沢市といえば、仙台藩初代藩主、伊達政宗公の生まれた地。そこに鎮座する愛宕神社を、仙台へ遷座（移転）させたのが現在の僕の氏神さまの愛宕神社。いわば米沢の愛宕神社は仙台の元祖（本宮）のような存在だ。しかも、である。僕は大学時代を米沢で過ごしたのだが、スキー部のトレーニングでせっせと登っていたのがなんと米沢の愛宕神社の奥宮へと続く参道だったのだ。その頃は神様とか神社にはほとんど無関心で、一度も参拝したことがなかったことを反省する日々である。

つまり僕にとっては、米沢に住んでいたときの氏神さまと、仙台に住む現在の氏神さまが同じ愛宕神社であり、その宮司さん方と一緒に参拝の旅。それだけでもありがたいのに、なんとそれには続きがあった。

会社員時代の僕は宮城県南部の白石市に住んでいて、街の中心部にある白石城の周りをこれまたトレーニングで走っていたのだが、その白石城主で伊達家重臣だった片倉家が代々信仰していたのが愛宕神社。兜の前立てには「愛宕山大権現守護所」の文字が貼られ、太郎坊という天狗（愛宕山に住むと言われる日本八大天狗の筆頭）の巨大絵馬を三度にわたり、京都の本宮へ奉納していたのだ。おいおい、つながりすぎだよ。

そして今回、京都で案内してくれたのは京都愛宕研究会の会長で、２０１３年に復元した絵馬を白石市に寄贈したそうだ。実際に当時の風間白石市長へ贈呈したときの様子も、鬼小十郎まつりの記事で発見し、驚いたのは言うまでもない。

米沢、仙台、白石、それが京都でつながるなんて……。つまりは、僕は学生時代からずっと神様に操られ、愛宕の神様にまつわる土地土地を巡っていたことになるわけだ。

それがついに何らかのきっかけで、すべてリンクしていたことに気づく。実はこの「気づくことができる?」というのが大事なのだと、かつてガガに言われたことを思い出した。

「多くの人間は、自分が巡ってきた道のりの意味などに気づかんのだよ。だがな、考えてみたまえ。人はひとりでは生きられんのだ。必ず誰かと関わりを持ちながら、生きている。ならば、そこで出会った人々はすべて運命であり、それをどう生かしていくかが大事なのではないか。多くの人間は、そんな実のある縁をないがしろにしすぎだがね」

その言葉を聞いたときは、なんとなくわかった気になっていた。けれど、こうして一本の糸ですべてがつながっていることに気がつくと、それが偶然ではなかったのだと今にしてわかる。そして同時に思うのだ。

「これまでの日々には、ムダなことなんて何ひとつなかった」と。

人は、「あの頃に戻れたら」とか、「あのときこうしていれば」と思いを馳せる。だけどそれって、存在しない物語でしかない。自分が選択しなかった時点で消滅したものでしかないのだ。ならば、どんな過去でも未来へとつながるひとつの道として、次の選択を後悔のないものにしていくしか、自分にはないのだと思った。これまで歩んできた道はすべて、神様の示してくれたものだと信じて。

だって、実は京都への旅のお誘いを受けたときに宮司さんに言われたんだもの。

「小野寺くんさ、6月13日に京都本宮に登らない?」って。

実はその日は、僕が「天海僧正だったのでは?」と信じてやまない明智光秀の命日とされる日なのである。もちろん天海説が事実ならば、命日ではないのだけれど、ある意味、この日本の歴史から明智光秀という人間がいなくなったとされる日。そんな彼もまた、愛宕神社を深く信仰していた事実を忘れてはならない。

『信長公記』によれば、本能寺の変の直前に愛宕山へ参拝した光秀が愛宕神社でおみくじを何度もひいたと書かれている。一説には、そこで二度も続けて「凶」が出たといわれているのだ。もしそれが本当ならば、どんな気持ちだったのか？　そして何をもって行動に出たのか？

「明智光秀が本当にしたかったことは、何だったと思うかね？」

ある時、ガガに問われたことがあった。

僕はいろいろと考えを巡らせ、一つの結論を口にする。

「平和な世の中をつくる……でしょうか？」

そのひと言にガガが頷いたのがわかった。

「さよう。そのためには織田信長ではダメだと思った、そうも考えられるよな。そして、自分が天下を統一するよりも、いちばんふさわしい人物にその役目を担ってほしいと考えた。そんな見方もできるのではないかね？」

結局、その日は僕の都合で変更してもらうことになったのだが、6月13日に登る流れになった、その事実にこそ意味があるのではないか？　少なくとも僕はそこに意識を向けることになったのだから。

様々な思いがつながる。

見えないものの不思議。神仏の不思議。何かをきっかけに、見えない糸が紡がれることもある。そんな不思議な体験がきっと誰にでもある。それに気づくか気づかぬか、ただそれだけの違いなのだろう。

外法？ 邪法？ その強大な力の源とは

さて、先ほど僕は明智光秀の命日には都合で登れなかったと書いたけれど、その日は何をしていたのか？ ポイントはそこだ。実はその日、文筆業になる前から毎年参詣し、深く信仰している九頭龍神の聖地、信州戸隠へ行っていたのだ。

以前は、ワカとふたりで毎年訪れて、ご祈禱を受けていたのだが、最近は両親や猫たちも高齢になり、長く家を空けるのが心配なので2日以上の旅には僕ひとりで行くことにしている。

とはいえ、ひとり旅は寂しいのが人間の性。そこで、友人のマジシャンルパンを誘っての参拝になった。もちろんマジシャンルパンとは芸名で、「ルパン三世に似てるね」と言われたことから、その容姿を活かして金沢を拠点に、北陸でローカルタレントとして活躍している男である。そんな彼は、去年に引き続き2年連続の参拝となったのだけれど、この一年でビックリするほどイベント仕事が増えたようで、

「これは絶対に戸隠の神様のおかげに違いありません。だから、今年はぜひ『神恩感謝』でご祈禱をお願いしたい」

そう嬉しそうに話してくれた。

実は昨年一緒に参拝した際には、

「ルパンは初めての参拝だから、ご祈禱は僕だけにしておくよ」

と、僕ひとりでご祈禱してもらった経緯があったのだ。それでもこの一年で御神徳を直に感じて、自ら「正式にご祈禱していただきたい」という気持ちになったのだろう。

ちなみにだが、大事な参拝に一緒に行くのに、誰でもいいというわけではもちろんない。ルパンとはなんとなくウマが合うのである。何より安定した職を捨て、マジシャンという自分のやりたい道を選んだところが僕ととても似ていて、ちょっと変わっているというかまあ奇特な人物で、つまりは親近感が湧くのだ。というか、「僕と同じでバカだなあ」と思えてならない。仙台と金沢という遠く離れた距離にもかかわらず、なぜか頻繁に会っていて、へたをすれば3か月に一度は一緒に飲んでいる。もう、親戚みたいな間柄だ。

土地神として九頭龍神が鎮まっていた地に、古事記や日本書紀で活躍する神々がやってきた戸隠山。戸隠五社と呼ばれるお社にはそれぞれ、九頭龍神のほかに天岩屋戸神話で活躍した神々が祀られている。馴染みのお蕎麦屋さんで戸隠そばに舌鼓を打ち、僕たちはいよいよ五社めぐりをスタートさせる。

奥社への参道は長い。僕は翌週の愛宕山登山に向けて買いそろえた登山用ウェアに身を包み、オレンジ色の登山リュックを背負って、トレッキングポールを片手に出発した。中間に位置する随神門をくぐると、ものすごい迫力に息を呑む。そう、NHK大河ドラマ「真田丸」のオープニングに登場した200本以上のスギの巨樹が圧倒的なのだ。ちなみに、江戸時代の「越後・信濃両国天台宗法度条々」により、境内竹木の伐採を厳禁して杉並木を守った人物こそ、天海僧正その人だった。

「ここにも天海僧正の名が……」

まあ気のせいだろうと、抱いた気持ちをスルーしつつ、僕たちは奥社の隣に鎮座する九頭龍社で翌日のご祈禱の手続きを済ませた。そのときにふとガガから言われた言葉を思い出す。あれは僕が戸隠へ出発する前日のことだった。

「おい、タカや。実は戸隠にも勝軍地蔵《しょうぐん》がいるのだぞ」

勝軍地蔵といえば、翌週僕が参詣する愛宕神社の御祀神だ。「なぜ神社にお地蔵さん？」と思われるかもしれないが、平安時代から、日本では神仏習合、つまり神様と仏様が混在した時代が長く続いたのだ。愛宕神社の前身、白雲寺に祀られていた勝軍地蔵はその勇ましい姿から武士たちの厚い信仰を受けたという。明智光秀や片倉小十郎景綱もその一人ということだ。そんな勝軍地蔵が、この戸隠の地に？

疑問に思った僕は、中社の社務所で戸隠神社が編纂・発行したという「戸隠信仰の歴史」を買い求め、宿坊で読みふけった。すると戸隠五社のひとつ、宝光社には明治になるまで勝軍地蔵が本地仏（神様の本来のお姿）として祀られていたことを知ったのである。

「マ、マジか……」

翌週の愛宕神社本宮への登拝、そことの関連は「山を登る」くらいだと思っていた。ところがこんなつながりがあるなんて。

「いやー、タカさん。この日本酒とっても旨いですねえ。雪中酒って、戸隠神社境内の雪の中で熟成させているんですって。ご神気いっぱいで、これは運気が上がりそうだなあ」

僕のシリアスな気持ちとは裏腹に、陽気なルパンの声が飛んできた。頬を赤らめてウハウハと楽しそうに笑うその姿は「ノー天気」という形容詞がピッタリだ。赤いルパンの衣

装でステージに立つ姿は本当にカッコいいんだけどなあ、と内心笑いつつ、

「本当に旨いよね。ルパン、マジックの仕事、さらに増えるんじゃないの？　もっとレパートリー増やさないと！」

そう促すと、

「そうか、そうですよね！　最近、小学校とかでサイエンスショーの要望が増えているんで、しゃぼん玉を使ったショーなんかいいかもしれません」

鼻息を荒くして一転、真剣な表情で考え込んだ。スマホで「シャボン玉　マジック」と打ち込んで検索を始めたので、僕は「しめしめ」とほくそ笑み、再び戸隠の歴史の世界へと没入する。

そこで、「飯縄信仰」という言葉が目に留まった。飯縄山といえば戸隠の東側に連なる山だ。戸隠山、黒姫山、妙高山、斑尾山とともに、北信五岳のひとつに数えられ、その信仰は戸隠信仰と一体となって広まったと聞いている。そういえば、初めて戸隠神社を参詣したときも奥社参道に鎮座する飯綱大明神を祀ったお社で「ここにもお参りすることを忘れるなよ！」と、ガガに釘をさされた。そのとき以来、僕は欠かさずにお参りしている。

もちろん今日だって。

そんなことを考えながら読み進めると、佐久の大井文書の中の「飯縄平座秘法」という伝書には、「弓箭刀杖《きゅうせんとうじょう》の難、来るとき、飯縄大明神、八天狗を奉祭せば、その難を遁《のが》るべし」とあり、戦勝の祈禱、敵滅の祈禱、延命の秘法など十三か条が伝えられていることがわかった。これがいわゆる「飯縄の法」と呼ばれる秘法だろう。

しかしそれだけではない。驚いたのは、この「飯縄の法」が室町時代には「愛宕の法」とともに秘儀として知られていたことである。

文豪・幸田露伴が『魔法修行者』と名づけた作品に「愛宕の申し子」と称された人物が登場する。それが応仁の乱で東軍を率いた細川勝元の子として生まれ、足利義澄を将軍に擁し幕政の実権を握った細川政元である。彼には、戸隠・飯縄からほど近い越後を訪れた記録が残されており、当時の軍記物『足利季世記』にも「愛宕の法」と「飯縄の法」を行ったことが記されているのだ。たしかに宿坊のご主人からも、

「戸隠講は、新潟の方々が多いんですよ」

そう聞いていたから、その頃からすでに越後では飯縄や戸隠の信仰が広まっていたとしても不思議ではない。きっとそのときに「飯縄の法」を授かったのだろう。

その強力さから「外法」「邪法」とまで言われて恐れられた2つの秘儀がここにつなが

ったとは……。しかも先ほど発見した、勝軍地蔵だ。ここにも愛宕信仰との共通点がある。

僕はすぐさま「勝軍地蔵　戸隠神社　宝光社」で検索した。すると、廃仏毀釈（明治政府が発した神仏分離令を発端に、仏像などを破壊する動きが広がった。その過激化する動きに政府が「神仏分離は廃仏毀釈を意味するものではない」と注意喚起したが、この過激な動きによって多くのお寺や仏像が破壊されることになった）から逃れるために善光寺に移されていることがわかった。

翌日、僕たちは九頭龍社に昇殿してご祈禱を受けた。

躍動する太鼓に合わせて緩急をつけながら唱えられる大祓祝詞は独特で、平伏しながら清浄な気持ちに満たされる。僕とルパンそれぞれが玉串を捧げてご祈禱を終えることになるのだが、緊張していたのかルパンが玉串を捧げるときに反時計回りに回していたのを目撃し（作法としては時計回りで、根元を神前に置く）、「ルパン、逆っ！　逆だってば」と、心の中で叫んだことをここに書き留めておく。

というわけで僕たちは無事にご祈禱を終えると、神主さんに丁寧にお礼を述べ、そのまま下山して善光寺へと向かうことにした。

前夜に知った事実を目の当たりにしたら、もうこの衝動を抑えられるものではない。この機会に宝光社、いや、かつて宝光院と呼ばれていた時代に祀られていたという勝軍地蔵にも参拝したいと思ったのだ。

「えーっ！　そんなつながりがあったのですか。それはビックリです。そんな旅にお供できるなんて幸せだなあ」

僕がここまでわかったことを伝えると、ルパンは嬉しそうに言った。僕と知り合ってから人生がおもしろくなってきたと、今回の旅の誘いも「絶対に行きたい！」と食いついてきたのだ。善光寺への道中も、「善光寺には以前、大道芸フェスティバルを観にきたことがあるんですよ」と懐かしそうに教えてくれた。そして最近も、通りすがりの人が我が家の欠陥を見つけて直してくれるんだと運のよさをアピールしてきた。ん？　屋根の修理ですと？

僕はいぶかしげに感じたままを口にする。

「ねえルパン……。言いにくいんだけど。その屋根の修理業者、たぶん詐欺」

「えーっ！　マジっすか。なんかやたら親切な人やなあって思って、こんど屋根に上って詳しく見てもらうことにしてたんですよ」

ルパンは顎に手を当てて、ムムム……と唸る。何度でも言おう、ステージ上ではカッコいいのに、衣装を脱ぐとただのダメおじさんだ。けれどそこが憎めないのも事実なわけで。

「タカさーん！　どうしましょう」

泣きそうな顔で懇願してくるので、

「いや、まだ屋根には上げてないんでしょ？　断ればいいっしょ。ヒドイ業者だと、屋根に上がってわざと壊して修理させたりするらしいよ。最近はとにかく詐欺が多いから、気をつけたほうがいいって」

「わ、わっかりましたぁ～」

上ずった声で叫ぶと、すぐさま家族に電話をかけ始めた。とりあえず、事前にわかってよかったね。これも神様のご加護かもよ、と思ってしまう。

後から聞いたところによると、渡された名刺に記された会社の名前などはぜーんぶ嘘だったらしい。ご丁寧にダミーのホームページまで用意していたというから、なかなか念が入っている。僕がその住所をマップで調べてみると公園だったり、空き家だったりした。念のため警察にも事情を話し、情報を共有してもらうように伝えた。

「なんでオレは詐欺に騙されないための講習してんだ……」

そんなことを呟きつつも、彼のダメっぷりというか、僕にとっては壮大なネタに事欠かない生き方がけっこう好きなわけで。

実際、過去にこんなことまであったらしい。

ルパンは自分のキャラクターを大事にしており、拳銃型のスマホカバーを愛用している。そんなある日、スマホをお尻のポケットに突っ込んで買い物をしていたときのこと、それを目撃した住人が「あ、あの人拳銃持っている！」と驚いて警察に通報。車のナンバーまで連絡したことで、突然家に警察が押しかけてきたそうだ。

玄関を出たらスーツ姿の刑事に「何で来たかわかるよな?」と問いただされ、訳がわからぬうちに羽交い締めにされる。

「いや、あ、あれはスマホカバーでして……」

と必死にアピールするものの、なかなか信じてもらえず。自分がマジシャンであること。ルパンというキャラクター上、拳銃型のスマホカバーを使用していることを説明し、家族に頼んで実物を運んできてもらうことで、ようやく納得して、解放されたらしい。その瞬間、刑事が襟元の通信機器に向けて、

「誤報。誤報」

と数度、言葉を発すると、家の周りに停められた車や電柱、家々の陰から、ジュラルミ

ンの盾を構えた警察官がぞろぞろと出てきて、付近のワンボックスカーに乗り込んでいったとか。

いやルパン、それってまんまギャグの世界だから！

そう盛大にツッコミを入れたくなるのは僕だけではないだろう。ちなみにその後、ルパンはフジ子ちゃん……いや奥さんから、

「もう拳銃型のスマホケースは使わないで！」

と懇願された。ま。当然だ。

結局は、ほとぼりが冷めてからまた使い始めているようだけど。そんな思いで僕は、助手席でスマホをいじる彼の手元を見やった。

そんな感じで僕とルパンを乗せた車は順調に山を下り、ついに長野市内にある善光寺に到着。よし、気を取り直して勝軍地蔵へ参詣だ！

僕は車を駐車場に停めると、善光寺街道を真っすぐに進む。ほどなく大きな仁王門が見えたところで、左手に目的の建物が見える。勝軍地蔵には、善光寺大本願の宝物殿で会うことができた。

像高四三・一センチほどの木造勝軍地蔵騎馬像（資料により「将軍」と「勝軍」の２つ

の記載がありますが本書では「勝軍」で統一します）は、甲冑を身につけて、勇ましく馬に跨る姿で待ち受けていた。この姿はまさに愛宕山の勝軍地蔵像と同じと思われるが、気になったのが傍らにいる侍者の存在だ。不思議に思って顔を近づけてよく見ると、その形相はまさに天狗！　説明書きによれば、飯縄明神の姿だと言われているらしい。

飯縄明神の正体は天狗だったのか？　飯縄の天狗といえば、日本八大天狗のひとり、飯縄三郎か？　そして同じく愛宕山にはその筆頭たる大天狗、太郎坊がいる。やはり強力な呪法の影には、天狗の存在があることは確かなのだろう。

実際に愛宕山に残る天狗伝説では、役行者が修行僧・雲遍上人と愛宕山を開山したときに、懸命に祈禱をしていると、太郎坊をはじめ9億余りの天狗で山が埋め尽くされたと伝えられている。近衛天皇が目を患って崩御された原因は、時の左大臣、藤原頼長が愛宕山の天狗の像の目に釘を打って呪詛したためと言われているので、その力を権力者すら恐れたのは当然だろう。

栄華を極めた平清盛が信仰した荼枳尼天

さて、ここでひとつ疑問が生まれた。

「愛宕の法」と「飯縄の法」が、このように結びついたとすると、同じく「外法」として恐れられた「荼枳尼天法」はこれらとは別なのか？　その答えはすぐに出た。長野市立博物館発行の博物館だより第93号によれば、戸隠神社の前身となる寺院、顕光寺55代別当乗因による「戸隠山神領記」には飯縄明神について「飯縄明神荼吉尼天」と記されているではないか！

しかも、広隆寺で行われた祭式で使われたとされる「稲荷大明神祭文」は、当時稲荷神と習合した荼枳尼天に祈願する形式になっているのだが、そこに「南無飯綱大白狐白山成就来向」という一文が確認できる。しかも、最古とされる長野市松代町永福寺の飯縄権現像は、烏天狗が白狐に乗っている姿をしている。繰り返しになるが、当時は稲荷伸と荼枳尼天が習合していたことから、少なからず荼枳尼天の影響が入ってきていることは間違いない。そもそも僕が仙台で出会ったのも、豊川稲荷のお社だ。

では「荼枳尼天法」とは、それほどまで広範囲に影響を及ぼすものなのか？　それほどの力があるものなのだろうか？　その答えは、歴史が物語っている。

中世、天皇の即位儀式で「即位《そくい》灌頂《かんじょう》」という儀式が行われていた。

これは密教の秘儀とされ、その名を「荼枳尼天法」と呼ばれた。そう、天皇の即位という重要な儀式において、秘儀として行われていたのである。一説には、荼枳尼天の真言を心の中で唱えるというものだともいわれるが、国家お墨付きの強力技法だったのは間違いないだろう。

そして、その秘儀を行い、栄華を極めた人物がいた。平清盛が、その人である。NHK大河ドラマ「平清盛」では、松山ケンイチさんが演じたことで知っている人も多いだろう。武士がまだ低い身分だった時代に、人々の心をつかみ、瀬戸内の海賊を束ねて、ついには武士の頂点に立つ。その後の武士の世の基盤を築いた男だ。

「源平盛衰記」という書物がある。これは、源平の争いや平家滅亡の経緯などを読み物風に描いた軍記物で、愛宕山の大天狗、太郎坊の名前が初めて登場した書物である点も興味深いのだが、そこで狩りに出かけた平清盛が不思議な美女と出会うくだりがある。貴狐天王という名で登場するその美女こそが荼枳尼天だったのだ。

彼は「荼枳尼天による栄華は一代で終わるからやめたほうがいいのでは?」と一度は躊躇するものの、貧乏な今よりはマシと思い信仰したことが記されている。その後、荼枳尼天=弁財天であると捉えた彼が厚く信仰し、豪華な社殿を造営したのが日本三景のひとつとして知られる安芸の宮島に鎮座する厳島神社だ。

「ん？　厳島神社とな？」

ここで僕は、またまたハッとした。なんと、僕は戸隠に参詣する2か月前に厳島神社を訪れていたのだ。これもまあ、突然「なんか行きたいな」と思っての旅立ちだった。取材でもなく、誰かに会うためでもない、ただ行きたいと思って、仙台から広島へ飛行機で飛んだときのことが鮮明に思い起こされた。

広島空港でレンタカーを借りて山陽自動車道に乗り、宮島フェリー乗り場を目指した。自動車道を進んでいくと、左手に美しい海と島々の風景が広がる。僕の生まれ故郷である三陸の海とはまったく違う顔を持つ、瀬戸内海のキラキラとした景色に胸を躍らせた。

フェリー乗り場からはすでに対岸の大鳥居が小さく見え、「おー、あれがかの有名な厳島神社の大鳥居か」と、テンションが高まった。フェリーを降りてから表参道商店街を歩くと、もみじ饅頭やあなご飯などうまそうな名物を売る店が立ち並び、参拝後の楽しみのために店を物色しながら歩く。僕は食いしん坊なので、こういうのもまた旅の楽しみのひとつだった。

商店街を抜けると、海岸沿いに続く砂地の参道に石造りの鳥居が見えた。一礼してくぐるとその先に大きな朱色の大鳥居が姿を現す。テレビで何度も見てきたその風景を実際に目にして感慨もひとしおだ。僕はスマホを取り出すと、絶景を写真に収める。ついでに自撮りで自分も一緒に撮影だ。ひとり旅ではこの手法が定番になっている。

世界文化遺産に登録されている厳島神社は、豪華でとても美しかった。一代の栄華に終わったとはいえ、これだけの社殿を造営したのだから、その厚い信仰心は現代にまで伝わってくるようだ。

回廊から外へ出て、大鳥居がよく見える社殿正面のほうへ行くと、平舞台が海側に突き出したようになっている。昔はここに船をつける桟橋の役割をしていたらしい。その先には火焼前《ひたさき》と呼ばれる灯籠が立っていて、絶好の撮影スポットとして観光客がズラーっと並んでいるのが見えた。

「並ぶの面倒だけど……僕も記念に一枚撮っていこっと」

行列の後ろにつく。行列の半分くらいは外国人観光客だった。とにかく外国人が多い！　仙台では考えられない光景である。どうやら観光地は、コロナ禍が落ち着き、インバウンドの影響で一気に海外の人たちが増えたらしい。慣れない状況にキョロキョロ周りを見回していると、ガチャンと音がした。桜色のスマホが僕の足元に落ちている。僕の前に並んでいた女性が手を滑らせて、落としたらしい。僕はそれを拾うと、落とし主に渡した。「すいません」と言いながら、女性がスマホを受け取る。ん？　僕は女性に目をやった。はてな……どこかで……。思い出せない。ひとり旅だろうか？　長身で利発そうな顔立ち、それにアッシュグレーの髪色が洒落ていた。ショートボブがボーイッシュな雰囲気を醸し出していて、なんだかすごく懐かしさを感じる。

やっぱりどこかで会ったことが……遠いどこかで……。いや、広島まで来てそんな偶然はないだろう。

そもそも「どこかでお会いしてませんか？」なんて聞いたら、ただのナンパじゃないか！僕は浮かんだ気持ちを一瞬で打ち消すと、彼女の番になったタイミングで声をかけた。

「写真、撮りましょうか？　せっかくなんで」

「え？　いいんですか？　じゃ、お願いします」

そう言って、カメラアプリを起動させてスマホを手渡してくれた。僕は縦横それぞれ数枚ずつ撮ると「確認してみてください」と返却する。

「えーっと……大丈夫、きれいに撮れてます。ありがとうございます。私もお撮りしますよ、どうぞ」

実は密かに期待していた、そのひと言に僕は心でガッツポーズをする。そう、「写真、撮りますよ?」と声をかけると、かなりの確率で「こちらも撮りましょう」となるのである。ひとり旅のときは、けっこうこの作戦で写真を手に入れている、実は。僕は女性にスマホを手渡すと、火焼前の横に立った。これで自撮り以外の一枚ができたぞ、よかった。

画像を確認してお礼を述べると、彼女はそのまま社殿のほうへと姿を消した。不思議な感覚が一瞬、胸の内を通り抜けたような気がした。

その後、再び社殿内を進んでいくと日本で唯一の、海に浮かぶ能舞台で能が演じられていた。宮島で初めて演じたのが、能を大成した観阿弥の流れをくむ八世観世太夫元之らだというからその格式の高さが窺える。

その後、神仏分離によって厳島神社から移された弁財天が安置されている大願寺を参拝し、高台にある豊国神社で千畳閣や五重塔を拝観した。もちろん、もみじ饅頭やあなご飯を堪能するのも忘れずに再びフェリー乗り場へ、そして暗くなる前に広島市街に入れるよう道程を急いだのだった。

夕方から翌日にかけても、平和記念公園や原爆ドーム、広島城などを巡り、広島風お好み焼きや尾道ラーメンに舌鼓を打ったわけだけど……。なんだろう、不思議なことに厳島神社を後にしたときには、すでにこの旅の目的を果たしたような気持ちになっていた。その証拠に、一旦ホテルに車を停めると、その後は空港への帰宅時間まで一度も車で外出することはなかったのだ。いつもの僕ならば、時間が許す限りあちこち走り回るのが常なのに。今にして思えば、なんだか不思議な旅だったなあと感じる。

だけどそれも、僕がダーキニー、そして荼枳尼天との出会いをきっかけに結ばれたご縁だったと考えれば、納得がいく。つまり、現在は厳島神社に宗像三女神として祀られる荼枳尼天への参拝こそが真の目的だったと。

日光から始まり、広島、戸隠、京都、そして白石と……。

ほんの数か月の間に、奇妙な縁でつながった地をぐるりと巡ることになった。これがどんな意味を持つのかはわからないけれど。思いつきから生じた、本当に不思議な経験だった。

命拾いした話

僕がそれらの旅を一通り終え、年末に向けていよいよ本格的に執筆活動に入ろうとした頃のこと。そう、まさに本書の原稿に着手するときの話である。

構想もまだ固まらない僕はある日、取材を兼ねて遠野に行こうと計画を立てた。『妻は見えるひとでした』にも登場した民話の里であり、今なお柳田國男の『遠野物語』で語られた河童や座敷童などが話題になる魅力的な場所。きっと新作のネタになるかと思っていたのだ。ネタはこちらから拾いにいくのが僕の主義である。

ワカも久しぶりの遠出ドライブに、心躍ったようだった。

「何か美味しいものを食べたいよね。昔行ったときに食べた釜めし覚えてる？　あそこまだやってるかな」

とか、

「ちょっと足を延ばして、花巻に寄れないかな？　大谷翔平も食べていたっていうマルカンビル大食堂のナポリかつが食べたい！　『#居酒屋新幹線』でも出てきたし」

と、オータニサーンや人気番組の話題まで持ち出して、ワカのワクワクは止まらないようだ。もちろん僕も楽しみだった。しかし……。

その日の未明、午前2時を回った頃に、突然むくりと起き上がったワカが、

「なに、今の音。ねえ、なんか聞こえない？」と、寝室の窓の外を指さす。

それはまるで、カチカチと火打ち石を鳴らすような音だとか。しかも、さらに追い打ちをかけるように、誰かが窓越しにいる気配がするという。

僕たちは緊張して窓のほうに目を凝らし、その気配を感じようとした。すると次の瞬間、ワカが布団をはね上げて、玄関に走っていった。僕も後を追う。そのままの勢いでワカがドアを開けるものの、そこには誰もいなかった。ただ静かな夜の空気が漂うばかり。

「なんなんだ。この妙な、そんでもって……怪しい雰囲気は」

そう言い合い、ふたりで顔を見合わせると、流れでリビングのほうへ移動した。まずはひと呼吸おいて考えようと思ったのだ。僕は台所に入って冷蔵庫を開けて水を飲む。口の中がカラカラだった。

すると突然、「タ、タカ、タカったら」とワカが大声で僕を呼んだ。彼女はリビングの奥の和室を、凝視するように見つめていた。その目線の先をたどる。そこには……6月に総本宮 京都 愛宕神社で授かった御神札が、ちゃんと札立てにお祀りしていた御神札が、ゴロンと落ちて床に転がっていたのだ！

倒れないようにしていたはずなのに。そして、仮に倒れてもそんなところに転がっているはずのない場所で、御神札が倒れていたのである。

あまりの衝撃に僕が言葉を失っていると、ワカが絞り出すようにこう言った。

「ううう……。明日、行っちゃダメかも」

それを聞いて僕も同意。翌日の遠野行きは中止した。

目の前の出来事を見て、僕たちはそう判断したのだ。そのときに感じたこと、その流れには従うのが僕たちのやり方。まさに神様の啓示であると、そう感じたから。

翌日、起きると台所には空になった白ワインの瓶と、食い散らかされたポテトチップスの袋が転がっていた。一度は納得したものの、ワカは本当に楽しみだったのだろう。悔しくて深夜にやけ酒を飲んだらしい。

僕は起きてきたワカをなだめながら、テレビを指さした。ちょうどその日に遠野で大雨による土砂崩れがあったのだ。それを話して、

「ほら、きっとこれだよ。もし行ってたら事故に遭ってケガでもしてたかもしれない。神様に助けてもらったんだよ」

そう言い聞かせて、別の機会に必ず行くからと言って、なんとか納得させたのだった。

ただ、そのときはそれだけで済んだと思っていた。単に危険を回避できただけだと。事故とか、ケガとか、そういうトラブルに巻き込まれなくてよかったねと、そう思っていただけだった。

けれども、事はそれだけでは終わらなかったのである。

それから数日たって、僕たちは気仙沼へ帰省した。気仙沼魚市場に隣接する観光物産施設「海の市」のまぐろ屋で三陸の海の幸を味わって、ワカの機嫌もだいぶ回復してきた。まぐろ屋を出ると同じ館内にあるお店に立ち寄った。そこは僕の書籍の熱烈なファンが店員をしているところで、ちょっと顔を出して帰るつもりが、思わぬ話を聞くことになったのだ。

彼女は僕たちの元気そうな姿を確認すると、ホッと胸を撫でおろしたように息をつき、口を開いた。

「実は……、あんまり怖くて言えなかったんですけど」

と、驚くべきことを話してくれた。

あの日の夜に、実は彼女は夢を見たという。

夢の中で、彼女がお店で働いていると、僕たちが突然やってきてこう言ったそうだ。

「ごめんね、急に行かなきゃならなくなったんだ。こっちの世界からいなくなるから、もう新作は書けない。あと、ワカが挨拶したいって。ワカも一緒に行くから」

僕は申し訳なさそうにそう言うと、後ろを振り返る。そこにはワカが少し離れた大きな木のところで手を振りながら、

「ごめんねー、急にこんなことになってごめんねー！」

と言っているのが、シルエットで見えた。

彼女はその瞬間に思ったそうだ。

「え……タカさんワカさんに何かあったんじゃ。死んじゃうんじゃ……」と。

しかし、あまりに衝撃的な内容だったので、怖くて誰にも夢のことは言えなかったと。

それはもちろん僕たちにも……。

けれど僕のブログを読み、その日に予定していた遠野行きを中止したとわかり、「よかった、きっと大丈夫だったんだ」とホッとしたと。

それを聞いた僕たちの背中を、冷たい汗が流れていった……。マジか、マジなのか。心底ゾッとした。怖いと思った。

その夜、自分が夢に出てそんなことを言ってたなんて……怖すぎる。

そしてその瞬間、

「行ってたら事故に遭ってケガしていたかもね」

から、

「行ってたら、今頃僕たち死んでたね」

へと、解釈がグレードアップしたのは言うまでもない。

倒れていた御神札はもちろん、改めてきちんとお祀りした。そして深く感謝を伝え、お礼を申し上げたのは言うまでもない。

強い何かに守られた。いや、ご加護をいただいた。そう心から感じた出来事だった。

もしかしたら、僕の巡ってきた旅の目的はこんなところにあったのか？

ちょっと自分を過大評価しすぎかもしれないけど。そのくらい思わせてもらってもいいだろう。とにかく僕たちは救われた。救ってもらった。

今はただ、助けてくれてありがとう。

ただそのひと言しかない。

きっと、これまで「救われた！」という経験がある人は、こんな不思議なご縁がつながったりしているのだろうか？　気づくと気づかないにかかわらず、それはきっとある。そう信じている。

そして神仏には真摯に、そして敬意をもって接することができてさえいれば。誰でも手を差し伸べてもらえる。そう信じずにはいられない。

ダーキニー　またまたある女尊の呟き

日本に来てから、私は本当の神様になれた。

夜叉だ、鬼神だと畏れられてきたけれど、この国ではどんな存在でも神様として敬ってくれる。八百万の神々というやつだ。おかげで私も白狐や天狗を従えて活躍する女神となれた。その凄まじいまでの神通力は一種の魔力とも言われ、国家の象徴たる天皇の即位にまで手を貸してきた。ただただ、自分を信じてくれる人にはどんな願いでも手を貸した。いいものも悪いものも関係なく、だ。そのためにいつしか「邪法」だの「外法」だのと恐れられたのは事実だった。

まあ、今ではちゃんと願う人を見極めるようになったのだけど。

だって、せっかく願いを叶えて栄華を極めても、それがたった一代で滅んでは意味がない。いやそれだけでなく、「荼枳尼天のご利益は一代限りなのでは？」などと、私のせいにされたのではたまったものじゃない。都合のいいときは自分のおかげ、都合が悪くなると「ご利益がない」と文句を言われるのではおもしろくないのは当然だ。それならぱっぱと見放してしまおう。嫌な思いをしてまで一緒にいたくはない。

大きな幸福や栄華は時として人間を堕落させる。初めは感謝していたのに、いつしかその成功がすべて自分の力だと過信してしまうのは人間の愚かさゆえか。本性がむき出しになった人間はおぞましい。私のことを夜叉だの鬼神だの言っているが、自分たちのほうがよっぽど醜いことに気づいていないのだ。

この社殿をこしらえてもらったときには本当に嬉しかった。だから全力で応援したし、敵対する人を懲らしめてもやった。しかし彼もまた、一族の驕りが仇となって身を滅ぼしていった……。

「平家にあらずんば人にあらず」

平家の滅亡を象徴する言葉だ。これは「平家物語」に書かれた清盛の義弟、平時忠のセリフで、正確には「この一門（平家）にあらざらむ人は、みな人非人《にんぴにん》なるべし」となる。なかなか強烈な言葉だ。勘違いも甚だしい。そりゃ、壇ノ浦で滅亡もするだろう。私にそっぽを向かれたのだから。清盛は一族の教育を怠った。本人がどのように思っていたかは、わからないけれど。だってあのとき、私はもう彼らとは距離を置いていたから。

それを後世の人たちまで「茶枳尼天のご利益は一代限り」などと、自分たちの愚かさを棚に上げてよく言えたものだ。すべて身から出た錆ではないか。まっとうな気持ちを抱き続けていれば、そしてそれを受け継ぐ者たちの教育をきちんとできてさえいれば、私はどこまでもサポートしたのに。

人々の感謝と祈りに満たされていれば、人間の臓器を食べる必要はなくなったし、半年前に死ぬのがわかるこの能力のおかげで、その人の最期までの時間を幸せに過ごせるよう守ってやることもできる。もちろん強力な神通力も健在だから、気に入った人にはいくらでも力を貸してやれる。

ただ、死ぬことがわかっても、それを覆すことはできない。そもそも昔は、私がその死にたての……失礼……死んだばかりの人から臓器をもらって生き永らえる必要があったから仕方ないのだけれど。その必要がなくなった今ならば、そして生き永らえる余地がある人で、伝えるすべ、つまりは神仏への信仰がある人ならば、ヒントを与えることくらいは許されている。

それが虫の知らせとか、第六感とかいうやつで、昔からある話だ。とある競馬調教師が、乗船予定の連絡船に乗りそびれて転覆事故に巻き込まれずに済んだとか、泊まったホテルが火災になるも、外のバーで飲み明かしていたことで難を逃れたとか。

芸能人にも「なんとなく」で航空便を変えたところ、その便が事故に遭ったという出来事が話題になる。信仰心の強い人なんかは、御神札が倒れるようなビックリするようなことが起きるかもしれない。ヒントにさえ気づいてくれればいいと、私は願う。

さすがに人の運命に直接手出しは無理だから、自分で気づいてもらえるように仕向けることしかできないのだけど。あとはその人の守護霊がいかに教育してくれていたかだろう。

神仏だって守護霊だって、自分ひとりでは限界があるから。神仏のみならず、ご先祖さまをはじめとして周りの人たちといい関係を築けているかが、自分の身を守るいちばんの秘訣。それぞれが手を取り合って、ひとりの人間をいい方向に導いてやる。

それが私、ダーキニーこと荼枳尼天の存在意義なのだから。

第4章

見えない世界あれこれ

一本の髪の毛

「最近、私もようやくひとりで動き回れるようになりました」

「あら、詩子ちゃん久しぶり。このごろ出てこないからさ、どうしたのかなって思ってたわ」

「出てこないって。お化けみたいに言わないでくださいよ、ワカさん。まあ、実際死んでますから、間違ってはいませんけれどね」

僕たちが危険を回避してホッとしていたとき、久しぶりに詩子さんが現れた。その声を聞く限り、どうやら自分の死を受け入れて、吹っ切れたみたいで安心する。

「自由に動き回れるようになったんだ？　それはよかった。じゃあまた見聞きしたことを教えてほしいんだ」

僕が言うと、「もちろんです。いろいろ勉強したんですよ、私も」と彼女は笑った。

「なんせ、お松さんが相変わらず忙しいでしょう？　いつの間にかお茶会から霊界相談所になってて、死んだ人の魂の相談に乗っているんです。死んでなお、徳を積んで何をしようというのかしら」

霊界相談所……。死んだ魂の今後について、話を聞いてあげているのだろうか？　我が祖母ながら、何を考えているのかまったくわからん。

「まあ悪いようにはならないんじゃない？　きっと、包丁お松には何か考えがあるんだよ、うん」

知らんけど……という最後の言葉は呑み込んでおく。それでも、祖母を信じていれば大丈夫と感じている自分もいる。なんたって僕のばーちゃんだ。それに、これまでもたくさん助けてもらったから。うん、きっとそうだ。

「ところで最近、何か新しいネタはある？」

僕は気を取り直して、詩子さんに聞いてみる。

「そうですね、少し怖い話ならあります」

「え、怖い話？」

「はい、怖い話」

にこやかに言わないでほしいけど、詩子さんにはなんというかもともとの陽の気が滲んでいるのだ。霊なんだけど……。

「これはちょっとした呪いの話なんですが」

ノロイ……。いきなりきたね、少し怖いどころじゃないじゃないか、と思いつつもついつい聞いてしまう。

「知ってます？　髪の毛には霊力があることを。もしも髪の毛一本で人を呪えるとしたら……」

そう切り出した話は、なかなかにホラーだった。

「なんでわかるかっていうと、私、呪われたことがあるんです。もちろん、まだ人間界で生きていた時代ですけど。髪の毛を使って、私に呪いをかけた人がいるんです。しかも、それが効いちゃいまして。私は本当にケガをしました」

「マジ？　こわ！」

ワカが仰けぞる。ついこの間も、死の危険を目の当たりにしたばかりだ。恐怖を感じるのも仕方ない。とはいえ、やっぱり怖いなあ。しかし、今後のためにもよく聞いておきたいと、僕らは姿勢を正して続きを拝聴する。

「だけど、私の弟や友達には効かなかったんです。この、呪いが効く効かないという差は何なんでしょう？」

「うーん……薬みたいな感じかな。体質で、薬が合う合わないってあるじゃん？　そういう相性かしらね」

「なるほど。この呪いは効くけど、こっちの呪いは効かないとか？　じゃあその体質は、何で決まるかって話になるよね」

僕たちが疑問と推測を交わしていると、詩子さんが「しもしも〜？　あ、はい。承知しました」と、まるで電話に出るかのような声で誰かと話を始めた。それにしても、しもしもって……。バブリーギャルかい。

「あ、すみません、お松さんから霊界電話で」

「……」

もう、よくわからない。詩子さんはしばらく何かを話していると、僕らのほうを向いた。

「お待たせしました。呪いの効き具合ですが、感受性の強い人、特に他人に感情移入しすぎる人は呪いにかかりやすいとのこと。つまりは、霊体に取り憑かれやすい体質みたいです。お松さんは、『いわゆる優しい人』という言い方をしました。優しい人ほど他人の心を無差別に受け入れてしまうので、悪いものにもつけ込まれやすいと」

なんと。自由自在にテレパシー（詩子さんは霊界電話だと言ったが、似たようなものだろう）で通信できるようになったのか？　さすが霊界の住人だと変なところで感心してしまう。そして説明にもなんとなく納得がいく。優しい人ほどつけ込まれやすいのは、現実社会でも同じだ。ある程度の警戒心と線引きが大切だと改めて思った。すると、

「心配しなくても、おまえさんは大丈夫じゃない？　優しさもけっこうハッタリだしさ、見た目ほどいい人でもないじゃん？」

と、ワカはバッサリ。

「うっ！」

「そうですね。死んだ私に対してもけっこうクールですし、小野寺さんは呪われるリスクは低そうです」

「う、ううっ！」

レディたちの鋭い言葉が、グサリと胸に突き刺さる。けれどどれもこれも身に覚えがあるので、返す言葉がありゃしない。だがしかし、社会で生きていくにはある程度は割り切らないといけないんだ！と、心の中で静かに反論しておく。

そんな僕の心中は華麗にスルーされ、詩子さんはどんどん話を進めていった。

「話を戻すと髪の毛の呪いの話です」

「うんうん」

「食べ物の中に髪の毛が入っているときって、ありませんか?」

「あるある」

「例えば家族での食事なら、調理したお母さんの髪の毛かな?という感じで済みます。そんなときは、お母さん気をつけてよ〜と言って取るだけで終わります。けれどもそれが、意図して入れられた他人の髪の毛で、気づかずに呑み込んでしまうと呪われるらしいんですよ」と詩子さんはサラッと言った。

「げっ! そんだけで?」

僕が思わず声を上げる。

「もちろんこれは『意図(呪おうと)して入れた場合』に限りますけど。つまりは、髪の毛一本あれば、それだけで人を呪えるのです。ほんと、怖いですねえ」

そう言って、彼女はショートカットの髪をかき上げる。霊体だけど、かき上げる。

「一度だけ行ったことがある美容室で、こんな話を聞いたことがあります。その美容師さんが言うには、髪の毛にいろんな念がこもっているのを感じることがあって、そんなときは後から知らず知らずのうちに何かが憑いているとか、呪いに関わっている場合もあるんですって。敏感な美容師さんのなかには、髪を切った後に具合が悪くなる人もいて、塩を手離さない人もいるようですよ」

「へえ〜。でも、なんでその美容師は、そんなに呪いについて詳しいんだろう。美容師ってみんなそうなのかな?」

「さあ……。私もその人とは一度会っただけなのでわかりません。ただ、なぜかこの呪いの話は信用できると思ったんです。実際に私がケガをした経験があったからだと思うのだけど」

詩子さんはそう言って首を傾げた。

ちなみにお坊さんは剃髪《ていはつ》をするけれど、あれは髪の毛が煩悩の象徴とされているからだ。髪の毛を剃り落とすことで自らを苦しめる煩悩を切り離すのだとか。そんな煩悩の象徴だからこそ、人を苦しめる呪いにも使われるのかもしれない。

さらにこの話には前段があって、僕らも呪いに苦しめられたことがある。この際、その経験も書いてしまおう。

死霊に取り憑かれた人の話

僕は日頃から、日常や旅先での出来事を発信している。これにはちょっとしたコツがあって、必ず時間を置き、具体的にはその場所から離れたタイミングでSNSに上げたりブログに書いたりするのだ。つまりはリアルタイムでは自分の行動について載せない。なぜそんな面倒なことをするかというと、恐ろしい経験があったからである。

それは、取材先で起きた。その日は、宿泊先でブログをアップした。さすがに今いる地域はわかっても、ピンポイントで追いかけてくる人はいないだろうという油断があったのだと思う。つまり、隙があった。そんなときに、彼女は現れたのだ。

どうやら彼女は過去のブログを読み「この時期に来るかもしれない」と、予測をつけていたらしい。そしてその期間の仕事を休み、スタンバっていたというのだ（なんとまあ恐ろしい！）。

彼女の夢は「龍を見たい」とか「見える人になりたい」というものだったようだが、別に僕に会ったからといって、そんな能力が身につくはずがない。そもそも、そんな効果があるならば、「見える妻」と一緒にいる僕は、今頃、鮮やかに幽霊やら妖怪やらが見えていることだろう。

ついでに言わせてもらえば、ワカだって龍神が直接見えるわけではない。ガガの声は聞こえるし、気配はばっちりわかるけれど。実際に龍神の姿がはっきり見えるわけではない

のだ。ガガの言葉を借りれば、

「人間だって、直接、自分の顔は見れんだろう？　だから鏡を見るしかない。それと同じで、我はワカに付いているのだから一体になっている。我の姿が見えんのは当然だがね」

と言っていた。

だけどそんなことは関係なく、彼女は奇跡を信じていたのだろう。

タカさんが来る。タカさんがいる。タカさんに会えるかもしれない。

そしてその念というか、もはや執着によって、引き寄せられた死霊を連れてきてしまったのだ。いや、どちらかというと、そのときすでに死霊に操られていたんだろうな。

とはいえ、当時の僕はそんなこととは露知らず。つまりは、めっちゃ油断していたわけだ（そもそも、そんなことがわかっていたら僕だって警戒する。しかし、危険というのは往々にして油断しているときにつけ込んでくるのがお決まりだ）。

彼女は僕のブログを読むと、すぐさま行動を開始した。僕がかつて足を運んだ店に片っ端から寄って、来ていないかを聞いて回ったらしい（なんと迷惑な。お店の皆様ごめんなさい！）。そしてついに僕が懇意にしているお店の情報を聞きつけて会いにやってきた。あくまで偶然を装ってやってきたものだから、プライベートとはいえ、ファンだと言われれば僕も最低限の対応をせざるをえない。

お土産を受け取り（この時点で、「おいおい、偶然会ったのになんでお土産があるんだよ」と疑問には思ったが）、差し出された人形に「うへえ、なんで本じゃないの？ 人形にサイン？」と内心思いながらも、ファンの頼みだからと一応サインをした。どうやらそれがマズかったらしい。

ガガの話によると、手作りのぬいぐるみや、異様にかわいがっている人形には念が乗り移るというのだ。特に「目」のついたものには、念が入りやすいと。たしかに人形などは昔から、本格的な呪術に用いられることも多い。万が一、その中に自分の髪の毛でも入れていたら……考えただけで寒気がしてくる。

それから僕は、無事に仙台に帰り、その日は何事もなかったからあまり気にせずにゆっくりと休んだ……のだが、異変はその翌日に起きた。

翌日の夕方、なんと、その彼女から荷物が届いたのだ！

もちろん僕は自宅の住所を公開していないが、どうやら僕の住所を知っているお店にお願いして送ってもらったらしい。そのときちょうど僕は出かけていて、しかもそんなものが届いているとは思わないで帰宅すると、なんだか様子がおかしかった。エレベーターを降りて、まずギョッとする。我が家の玄関の前には乱暴に開封された段ボールが散乱し、中に入っていたと思しき瓶や箱が転がっていたのだ。まるで嵐の後のようで、その尋常ならざる光景に驚き、一体何があったかと僕は慌ててドアを開けた。

すると、明かりを消した台所の隅にワカがうずくまっている。

「ちょ、ちょっとワカ、どうした？　何があったの？」

僕は慌てて妻に駆け寄る。猫はどういうわけかテレビの裏側に隠れて、毛を逆立てている。

なんだ？　何があった？

「どうしたんだよ、ねえ」

妻の肩を揺さぶると、彼女はハッと我に返ったように僕を見た。目が充血している。そして蒼白な顔。ワカは息も絶え絶えに訴えた。

「気持ち悪い女が、ついてきた。あの女がいる。来た、怖い……怖いよ……あの女……」

僕が戸惑っていると、

「あの荷物を部屋に入れないで！　嫌だ、気持ちが悪い！」

そう言い放った。僕は訳もわからずに、ただ「わかった、わかったから」と頷くしかなかった。塩をまいて清め、手をよく洗った。実は手を洗うことは、気持ちが悪い何かを感じたときにとても有効だ。変な除霊なんてしなくても、お風呂に入ったり手を洗ったりうがいをするだけで「清め」になるから覚えておいてほしい。

その後、少しまともに話せるようになったワカから事情を聞くと、その荷物を受け取った瞬間、ものすごく嫌な感じを覚えたのだという。ジットリとした気というか、それはとても気持ちが悪いものだったらしい。そして、それが着いてから自分でも何かに取り憑かれたように怒りと恐怖が湧いてきたのだと。段ボールの底に長い髪の毛が3本入っていたので、正直、僕も震えた。そして、たぶんやっぱり、あの人形には髪の毛の呪いが実行されていたかもしれないと僕は想像する。

そして、まだ落ち着かないながらも、ガガが事の真相を調べてくれた。それによると、女に取り憑いていた死霊は300年ほど前に15歳で死んだ尼僧だということだった。7歳のときに親によって寺に入れられたのだが、修行僧たちを次々に狂わせる魔性の女だったようだ。7歳なのに？　子どもなのに？　とは思うけれど、この世にはその類いの生き物がいるのだそうだ。

困った住職が川に沈めて殺生したのが15歳のとき。その後、きちんと供養がされていないのも原因のひとつだという。それからずっと彷徨いながら、悪い念や執着を持つ人間（狙うのは必ず女とのことだった）を見つけては常軌を逸した行動を取らせ……つまり狂わせているのだとか。

「最後には、川の物《もの》の怪《け》に変化《へんげ》したのかもしれんな。腕にイワナのような鱗が見えるがね」

ガガはそう言った。もしかしたら、その娘の実家が川でイワナを捕るのを生業にしていたのか？　それとも川に沈んだときにその死骸をイワナが食い、変化したのか？　そこは謎だ。

しかし一筋縄では離れてくれず、ワカの消耗は激しくなる一方だった。

悪霊は人をジワジワと弱らせる。取り憑き、悩ませ、寝かせない。みんなで策を練るが、うまくいきそうでうまくいかない。そろそろ夜も明けようという頃になり、薄明により、少し弱ったところでなんとか引き剝がすことに成功した。まあ、正確には「ほかの人に憑いてもらった」のだけれど。と言うのも、なんと、詩子さんがその役目を買って出てくれたのである。詩子、神っ！

「この方、ちょっと話を聞いてあげれば満たされるんじゃないかしら。私、やりますよ。せめてものお礼と、あとはポイント……いえ、修行にもなるだろうし」

そ、そうだね！　頼めるかな？

「もちろんです。そもそも私は死んでますし、取り殺されることはないでしょう」

た、たしかに……と僕も反応に困ったが、なんと頼もしいひと言であったか！

その後、詩子さんが物の怪女の話を聞くことで、少しずつ落ち着いていった。

こうしてワカから離れ、詩子さんに憑く（彼女が話し相手になる）ことで僕たちの安全は確保できたのだ。しかし……それから少したって、

「あの、皆さん。ちょっといいですか？　この物の怪の方、あれからずっと私の後をペタペタついてくるのですが、これ、どうすればいいかしら？」

どうやら優しく話を聞いてくれる詩子さんに懐いてしまったらしい……。

「うーん、ごめんね詩子さん。僕らにはなんとも……」

「悪いとは思うのよ、私の代わりにそんな役を引き受けてくれて。とにかく話を聞いてあげてみるといいかも。詩子ちゃんの献身的な思いでそのうち納得したら、ちゃんと成仏してあの世へ行けると思うし」

これも死後の修行のうちかもしれない、申し訳ないけど詩子さん、頼んだ。そんな無責任な思いで、いや、後ろ髪を引かれる思いで彼女に後を託した……。

とにかく怖い思いをした僕たちだったけど、こんな死霊に取り憑かれるのは、格の低い人間だけだという。ワカも当時を振り返って、

「あのとき、私も弱ってたんだな。格がどん底に落ちてたのね。まぁ、余裕がなくてピリピリしてたもん。また隙を突かれたわ、無念」

と語っていた。というわけで、常に笑顔で前向きに生きる人にはそんなおかしな霊体は憑かない。だから常日頃から、そういう生き方を心がけるだけで怖い思いは回避できる。それを改めて思った出来事だった。

恐るべき「霊障」。ヤバい親族の霊が取り憑いていた！

そして今度は、そんな「取り憑かれた人」を、外から見る機会があったのでそれを記す。いわゆる「霊障」に悩まされるという事例だ。

「霊障」とは、悪い霊体に憑依されて体調に異変が生じることを指す。

昔は、明らかに異常な行動を取る人のことを、狐に憑かれたという意味で「狐憑き」などと呼んで、お祓いすることもあったらしい。つまりは、ハニャハニャナムナムとお祓いを受けて、悪い影響を及ぼす霊体を追い出してもらうわけだ。

ただし、この風習はあくまで精神医学が未発達だった時代のことで、現代では迷信とか古い民間療法として一顧だに値しないものとされている。うん、たしかにね。そりゃそうだ、僕だって医療を推奨しているもの、医学ってすごい。

しかし……これに関してだけは、一概に「病気」とは言えないんじゃないか……と、正直思う事例があるのも事実。

たしかに昔でいう狐憑き、いわゆる霊障で生じたとされる症状は、現代では精神医学で説明できる。

でもその一部には、本当に悪い霊体が憑依して起きているケースもある。ズバリ、ある。断言する。だって、僕たちはそんなケースを目の当たりにしたんだから。

その日の深夜、僕はリビングで原稿を書いていた。日中は作業部屋で執筆していたのだが、どうしても気になる表現があり、夜中に修正をかけていた。集中する。集中だ。

……しかし、どうにも腹がすいてきた。こう腹が減っては、できる仕事もできん。よし、気分転換を兼ねて、近くのコンビニまで買い物に行こう。僕は財布を持って部屋を出た。

普段は健康に気をつけて、たとえお腹がすいても夜中に何かを食べるなんてことはしないのだけど、どういうわけかそのときは出かけようと思ったのだ。今思えば、そこから何かがおかしかった。

さて、何を食べようかな～と思い、僕はエントランスホールを抜ける。しかし、外に出ると、なにやらもめている人たちがいる。

いや、正確に言えば、集合玄関に設置されているインターフォンに向けて意味不明なことを叫ぶ若い女性と、オロオロした表情で立っている、白いワイシャツ姿の中年男性という構図だった。

ただならぬ状況、そして嫌な予感。なぜここでもめている？　こんな時間にもめている？　もうもめごとはごめんだぜ、と思いながらも、無視できないのが僕という男なのだ。しかも、一瞬、ワイシャツ姿の男性と目が合ってしまった。これはもう、無視できん。

「何かありましたか？」と声をかけると、男性はタクシードライバーだった。どうやら女性がタクシーに乗車したのはいいが、後部座席でひとり何やらブツブツ呟き、行く先々で意味不明なことを言っては追い返された挙句に、どうも行動がおかしく、ドライバーの判断でもといた場所へ引き返してきたという。しかし、お金を払ってもらえずに困っていたのだそうだ。

「この方、こちらのマンションにお住まいなのですか？」

そうドライバーに聞かれても、この人は知らないな、見たことないよなこの人、と思う。

「いや、違いますね」と言って、ごめん、あんまり面倒なことは関わり合いたくないんだよ、締め切りも迫ってるし、と心で思い、その場を後にしようとしたのだが。

その女性が持っているバッグに見覚えがあるのだ。え、まさか、彼女？　そう、やはりマンションの住人だった……マジか。半年ほど前は普通の人だったのに、頬がこけ、眼窩《がんか》は落ちくぼみ、唇は粉をふいたようにカサカサだ。折れそうな枝のような青白い腕、そして焦点の定まらない虚ろな眼。一瞬、その人とは気づかなかったのだ。

そこでもう一度、インターホン越しに叫んでいる部屋番号を確認すると、そこは、その女性の部屋ではなかった。他人の部屋をピンポン鳴らして何かを叫ぶという、明らかな異常行動である。

本来ならば関係ないことと、そのまま立ち去りたいのは山々なれど、当時の僕はマンションの管理組合理事長を務めていた。その手前、見て見ぬふりもできずに、対応してしまうのが僕のいいところなのか、余計なところなのか……。

結局、その場は僕がタクシー代を立て替えることで収めてもらい（7000円を超えていた、高っ！）、管理会社を通じて親族の連絡先を調べてもらい、なんとか連絡を取ることができたのだ。

呼び出しに応じてくれたのは、彼女の叔父と叔母の夫婦。親兄弟はここ数年で立て続けに亡くなったらしく、今では親族と呼べるのはそのふたりだけのようだった。

その事情を聞き、精神的に不安定になったのか？　と同情はすれども、この状況をどのように収めるべきかはまた別の問題である。本人の話が当を得ず、常に誰かと会話するようにブツブツと口を動かすさまは、昔ならば狐憑きなどと揶揄されても不思議じゃない光景だった。はっきり言おう。めちゃくちゃ不気味で怖かった……。

その後、叔父叔母も一緒に部屋に戻るのを確認するものの、その後もまた外に出て徘徊を繰り返す。しかもほかの部屋のドアを叩き、叫び出すような奇行も見られ、相談したうえで警察を呼ぶことにした。

ただね……。

なんか「匂う」のだ。夕方の雨の匂いに似ているのだが、これを妻は「霊の匂い」と呼んでいて……。

何と言うか、ひたすら嫌な感じしかしないわけだ。

で、問題はここからで。

この一部始終を、胸騒ぎを感じて降りてきたワカが近くで見ていた。

もう少し詳しくいえば、その「霊の匂い」を嗅ぎつけて滅多に出さない霊眼で見てみたら……「いた」らしい。見事なまでに、いらっしゃったようで。

「タカ、見たでしょ？　あれ、妄想で誰かとしゃべっているように見えたじゃん？　でも、たしかに目の前にいるんだよね。しゃべっている相手が。ま、これがまた霊なんだけどね」

あー、やっぱりか。これはどうやら先祖霊の仕業のようだった。しかも、

「さすがに私も親族の人に『近い先祖で犯罪者います？　いますよね、色情系』って聞けないじゃん。あれ、性犯罪に関わってるね。実際、あの人すぐに脱ごうとするでしょ、完全に取り憑かれてるわ。その影響もあって、ここ数年で両親や兄弟が立て続けに死んでるんだよ。正直、あの人もそう長くはないと思う……かわいそうだけど」

と、衝撃の真実を告げた。

とはいえ、もちろんそんなことは言えやしない。

その後、男女ふたりの警察官が到着して事情を説明。

聞けば叔父と叔母が、ここ数か月ずっと異常な行動をする彼女の面倒を見てきたらしい

けど、やはり突然全裸になったり、意味不明のことを言って「けけけけー」と高笑いしたりと、すでに限界を超えていたそうで。それで精神科への受診を希望するものの、初診は3か月後と断られ、途方に暮れていたときにこんなことになったらしい。そのためできればここで、精神保健及び精神障害者福祉に関する法律29条の2に定められている精神障害者の入院形態のひとつ「緊急措置入院」させてほしいと訴えていた。

しかし、これを適用するには自他を傷つける行為に及ぶ可能性を、警察官が視認せねばならない。この段階では、意味不明なれど一応の受け答えはできる状態のため、警察としても手の打ちようがないと言われてしまったのである。

結局は、生活安全課と情報共有し、市の窓口を紹介してもらうことで彼女の叔母さんに委ねることになった。現在は、精神科病院に入院しているということだ。

まあ「これ、霊の仕業ですよ」なんて言えないし、言うつもりもない。だいたい僕らは、この手の霊体を相手にするのがどんなに危険か、身に染みてわかっているから深入りはしない。

ただ、いろいろ聞くと、やはりそういう病院に入る人には霊障が起きている場合があると知り合いの精神科病院関係の人が言っていた。だからまあ、たぶん何かあるんだろうなと。思いっきりあやふやな言い方だけど、なんというかそういうこともある……。

とまあ、そんな恐怖譚をご紹介したわけだけど。昔の、特に昭和のオカルト話では結局、能力者にお願いするしかないとか、お寺でお祓いをしてもらわないと、と書かれていたりもするけど、正直、それじゃ救いがないと僕は思うのだ。

だってここまで書いておいて、「憑き物はあります、お祓いしてください」って、これで終わったりしたら、

「だったら、そんな場合は憑依されるしかないの⁉」

「それじゃあ無責任だよ！」

と、お叱りを受けそうだし。

大丈夫、僕らはそんなことをしない。

そもそも僕たちは、能力者に頼らないと幸せになれないとか、お祓いを受けて因縁を絶たないと健康に過ごせないとか、そんな世の中だとは思ってもらいたくないのだ。

だいたい嫌なんだよ、そういうの。救いのない話ってほんとうに嫌、僕は。

じゃ、どうすればいいかっていうとね。

日頃から、いい人間関係を築くこと。

もう、それしかない。というか、これ以上効果的な方法はありません！

結局、人を救うのは人なのだ。人嫌いに幸せな人がいないと思うのは、僕だけではないだろう。幸せそうな人って、なんだかんだいって周りの人たちといい付き合いをちゃんとしている。そう、自然に。

明るい挨拶とか、笑顔。ここに、悪霊はつけ込むことができない。

その証拠に同じ親族なのに、叔父叔母は何の影響も受けていなかったから。実際に話を聞くと、夫も定年退職し、これから老後の好きなことを始めようと思っていたそうだ。そんなときにまさかの姪の状況で……と言っていた。

生きていれば寂しくなることも、不安になることもある。

そんなときでもグチを言い合える家族や友人がいるだけで、どんなに救われるか。そしてまた前を向いて生きていこうと思えるか。そんな仲間がいて毎日を楽しく生きること。それがどんな除霊やお祓いよりも効果的。これだけは覚えておいてほしい。

狐憑きにならないように、いろいろあっても明るく元気に。

あれ？ そういえば、今回無賃乗車されたタクシー会社だけど。会社名に「稲荷」って書いてあったような……。稲荷の眷属は狐。狐憑きって……。

これは単なる偶然か？ それとも……。

狐の話

「ところで、今思ったんだけど。お稲荷さんは苦手という人が多いですね」

「詩子ちゃん、実は私も得意じゃなくてさ」

「あら、ワカさんも？ ……そうですか。というか、やっぱり狐ってイメージがよくないのかしら」

稲荷のタクシーと聞いて、詩子さんが疑問を口にした。

まあ、たしかに狐といえばクリーンなイメージではない。狐に化かされるとか、虎の威を借る狐とか、狐に小豆飯とか。

そもそも狐は本当に悪さをするのか？ 狐憑きの初見は、平安時代初期の説話集『日本霊異記』上巻第二縁『狐を妻として子を産ませた話』と言われている。その後も『今昔物語』や、大河ドラマ「光る君へ」で秋山竜次さんが演じた藤原実資《さねすけ》の日記『小右記《しょうゆうき》』にも記述が見られるほど、日本では昔からメジャーな話だ。

うーん。これは僕の見解なんだけどね、と前置きしてから、これまでの経験からの考えを述べる。

「稲荷の神様って、神社ならウカノミタマ（宇迦之御魂神）。仏教なら豊川稲荷の荼枳尼天がそれにあたるんだよね。狐はあくまでも眷属で、つまり神様の使いにすぎないんだよ。だけど、日本ではどうしても『お狐さん』のイメージが大きくなりすぎて、単独で行動しちゃうケースもあるのかもしれないね」

もともと稲荷神は、五穀豊穣の神として厚く敬われた歴史がある。そのため、稲を食い荒らすネズミを退治してくれる狐が稲の守り神となり、稲荷神社の眷属になったと言われている。荼枳尼天もダーキニーと言われていた時代にジャッカルと習合していたことで、日本では姿が似ている狐と同一視されて稲荷で祀られるようになった。とはいえ、いかに眷属とはいえ狐は狐。動物である。人間の意思がどこまで伝わるかは疑問が残る。

実際、こんな相談をされたことがある。

稲荷の神社で「仕事に行きたくない」と祈ったら、翌日に大ケガをして入院。強制的に2週間仕事に行けなくなってしまったと。

でもこれ、当たり前の話で。稲荷系の神社の狐など、動物の影響の強い神社では、願いを素直に受け取る傾向が強い。要は、人間のように「忖度《そんたく》」ができないのだ。だからこの願いも、受け取った眷属の狐が「あ、行けないようにすればいいのね」と素直にそのまま受け取ってしまう。で、いちばん簡単な方法として、ケガで強制的に休める状況をつくりだしてくれただけなのだ。だから即効性がある半面、願いの伝え方を間違えると、思いもよらぬかたちで叶ってしまいエライ目に遭うことも否めない。

しかもそれを不満に思えば「えっ？　せっかく願いを叶えてやったのにどうしてそんな態度になるの？」と不満に思われて、さらにひどい目に遭うことも……。

動物は純粋な半面、感じたままにしか行動できないので難しい。なんせ人間の事情なんて知らないから。

「会社に行きたくない」という願いの裏には、どんな思いがあるのか？

行きたくなるような会社にしてほしい、かもしれない。

ほかにいい仕事が見つかるといい、かもしれない。

もしかしたら、嫌な上司がいなくなってほしい、かもしれない。

いずれにせよ、「会社に行きたくない」といえば、「行けないようにする」のが手っ取り早いのは事実だし、それが最も現実的な方法で叶えようとするのも当然といえよう。だから、動物の影響の強い神社にお願いする際は、気をつけたほうがいい。願いを受け取る神様は、政治家の言葉の裏を読む秘書や官僚ではないのだから。

「動物の影響が強い神社では、願いの仕方も誤解ないように気をつけるのがマナーですね」

詩子さんが納得の表情で頷いた。その後で、

「大丈夫かしら。私、けっこうむちゃなお願いをしたかもしれない」と呟く。

「え？　詩子ちゃん、何かお願いしたの？」

ワカが聞いた。詩子さんは迷ったように、

「霊界を歩いているとき、とってもきれいな女性の仏像があって、ついうっかりお願いをしてしまったんです」

「どんな？」

「桜の季節に、生まれ変わりたいって」

うわー、それはディープなお願いだな。でも、さすがにそれが叶うことはないだろう。だって、もう死んでしまったのだから。そうは思ったが、そんなことはおくびにも出さず

「ちなみに僕はいつも、『最もいいかたちでまとまりますように』とお願いしてるんだ。もちろん『こうなればいい』『ああなればいい』とは考えるけど、意外ともっといいかたちがあるかもしれないだろ？　だから、どんなふうにしてくれるかは神様にすべて委ねることにしている」

そう言ってから、

「で、稲荷の神社では日頃の感謝を捧げるにとどめてる」

とつけ加えた。

徘徊する足音〜PM11：00より〜

「カズタカや、どうせおまえはこのことを本に書くんだべ？　書いてるんだべ？　だったらばあちゃんをもっとカッコよく登場させせな」

「お松さんは十分に素敵ですよ？　そのままでいいじゃありませんか」

お松と詩子さんが話していると、

「それならわっち、洋服を着たいんよ。着物を脱ぎ捨てて、真っ赤なワンピースに8センチヒール。モダンガール暁やよ、ほほほ」

と、守護霊の暁大夫がキセルをふかす。

「実は我には夢があってな、着流しを纏って刀を差してみたいのだよ。侍・ガガ之進として悪者をバッタバッタと成敗するのだ」

ガガまでむちゃを言いだす始末。

「私は大好きなおはぎをお腹いっぱい食べたいのです」

いや、座敷童のお花ちゃんは霊界に帰ったんじゃなかったかい？　突然の登場に戸惑う。

「モウイチドイウ！　アンタノバーチャンハ、ヤッカイナヒトダゾ」

あ、梵さんのクレームだけは現実的なものだ。僕のばーちゃんなので、梵さん引き続きよろしくお願いしますね。と、これには頭を下げる。

なんというか、僕たちのマンションの一室は、夜になるといつもこんな調子で賑やか、いや、ウルサイ……。

暁さんが教えてくれたように、やはり夜は人間たちが就寝するので暇になる。いや、仕事に余裕が出るからだろうか。暇つぶしに我が家を使わないでほしいと思うのだけど、やむをえない。その日の事件もそんな賑やかな日々、いわゆる「うるさい夜」に起きた。

「しかし、なんでこう夜中にやかましいのかねえ?」

仕事が立て込んでいたからもう寝たいんだよ、と僕は小声でボヤく。

「仕方ないじゃん。やっぱり霊体やら精霊は、夜のほうが動きやすいのよ。夜行性なの」

ワカが手をひらひらさせて、一笑に付す。まあ、僕よりも実際に見える聞こえる彼女のほうがよっぽどやかましいのだと思うけど。

そんなある日、管理組合理事長の僕のところへ、ある相談が持ち込まれた。

「夜にドアを開けようとする人がいる」

「ペタペタと廊下を徘徊する足音が聞こえて、怖い」

「時間はいつも11時頃からなんですよ」

というものだった。

「うーん……こりゃなんとかしないと。放っておくなんて人でなしだよ」

ワカが人ごとのように呟き、チラリと僕を見やる。暗に「なんとかしてこい」という意思がわかるのは、もう20年も夫婦をしていればこそである。

そんなこんなで自称「面倒ごとには極力巻き込まれたくない男」ではあるが、ここまでお読みいただければわかるだろう。すでに人生自体が面倒ごとに囲まれている僕からすれば、わざわざ口にするのも憚られ、「ええい、ままよ！」と、再びその渦に身を投げてしまう性分なのだ。

結局、今回の相談も、その場で状況を聞いたうえで、「じゃ、監視カメラをチェックしてみますか」ということに相成った。

うちのマンションは、6年前に監視カメラを一新しており、その時の理事長も僕だった。導入時に取り扱いについても確認していたし、現在も理事長として管理室の鍵を預っていたので、手っ取り早い。

そんな感じで僕が管理人室で深夜に監視カメラ映像をチェックすることになったわけだが。結局、不審な人物は見当たらなかったのである。実際の現場はその部屋の玄関先だったけどそこまで監視カメラは届かないわけで、僕が確認できたのは、マンションの出入り口とエレベーターだった。しかし、そこに誰も映っていないとなると、問題は少し複雑になる。つまり、外部犯ではなくマンションの住人に犯人がいることになってしまう。

うーん、頭が痛い。だって、マンション内で犯人探しをしなければいけないとなると、めちゃくちゃ厄介じゃないか。

めんどくせえなあと頭を抱えていると、ワカが想像もしていなかった、いや、想像したくない事実を告げる。

「あのさ、タカ。最近、霊体やらなんやらがうるさかったじゃん?」

「……まあね。梵さんをはじめ、死んじゃった人の霊体やらが小野寺家に遊びにきてたからね」

僕としては、「遊びにきていた」という話で収めたくはないが、書き方ひとつでいろいろクレームが出そうなので、この表現にとどめておく。霊界にまで面倒ごとを広めたくはないのだ。

そんな僕の心中を軽く無視して、ワカが話を進める。

「その徘徊する足音とか、ガヤガヤと話す声とかってさ、夜11時……」

言うな！ それ以上は言うんじゃない！ 僕は心の中で叫ぶ。

僕だって、気がついていたさ。だけど、認めたくはないじゃないか。

「僕たちの周りの霊体が、お騒がせしていました」なんてこと!! そもそも、そんなことを言いだしたら僕はマンション内で変人扱い確定だ。世の中では幽霊とか妖怪とかは、まだまだ理解を得ているとは言い難い。だから僕たちも、書物でこそこういう話をするけれど、現実社会では言葉を選ぶし慎重になる。それが現実だ。

というわけで、そんな事実はありえない。いや、あってはならないのだと、僕は心の中で強く思うが、ワカの口は止まらずに結論まで言い放つ。

「11時頃から騒がしかったんだから、つまりはそれって、私たちの周りの連中に決まってるじゃん。梵さんに霊体に、ご先祖さままで現れてうるさかったし。はっきり言うけど、タカが眠った後も、そのへんを走り回ったりしてやかましかったんだから」

ううむ……やはりそうか。

認めたくはなかったけれど、そうだよね。やっぱりそれって、少なからず関係しているよね？　そんな思いを抱きつつ、僕はすぐに現実社会の問題に頭を切り替える。つまり、

霊体とか、そういう話を出さずに場を収める

これに限る。うん、それしかない。

僕はもう一度事態を整理する。

現場は6階、僕たちの部屋とは数階しか違わないので、彼ら（あえて「彼ら」で括っておく）が騒いでいたなら、十分に影響のある範囲である。

しかし、ここで事態は意外な展開を見せた。

翌日、同じ階の別の住人から、同様の相談が持ち込まれたのである。

しかも、だ。その人が言うには、11時からペタペタと徘徊するのは、昨日、僕のところに相談に来た人だと。

「へ？　どういうこっちゃ」と、ふたりで首を傾げつつ、とりあえず詳しく話を聞いてみることにした。もちろん聞きにいくのは僕の役目だ。ワカは「いってらっさーい」と、せんべいをボリボリしている。

ここで仮に最初に相談に訪れた人をAさん、翌日に相談に訪れた人たちをB夫妻としよう。

B夫妻の話によれば、Aさんが深夜にはだしで廊下を徘徊し（怖すぎる）、時々B夫妻の部屋のベルを鳴らしてドアを開けようとするのだという。子どもたちも怖がっており、ついに警察へ連絡したほうがいいでしょうか？　と、理事長である僕のところに相談に訪れたわけだ。これは実際に、録画した映像を見せてもらったので間違いのない事実だった、そして本当に怖かった。

部屋へ戻り、一部始終をワカに伝えると「う〜ん。こりゃ意外な展開だわね」と腕を組む。そもそも、Aさんは自分でしている迷惑行為を、なぜあたかも自分がされているかのごとく訴えてきたのか？　調べればすぐにわかることなのに……。

ん？　もしかすると……。

心の内は自分にしかわからない。他人の心の内を知ることはできないのだ。だから人は「自分ならどうするか？」と考えて、相手の行動を推理する。ならば「他人を困らせてやろう」と思う人であればどうだろうか……。

そこで、ここ最近の霊体たちの動きを思い出してみる。

ガヤガヤと誰かが話す声が聞こえるのだ。

外を誰かが動き回っている気配があるのだ。

もしも、もしもの話だ。霊体たちのざわめきが、そのAさんの耳に届いたとしたら？

普段は見えるはずのないものが、ふとした気持ちのありようだとか、心に虫食いの穴が開いた瞬間に見えたり聞こえたりすることはないだろうか？　そしてもし、それに気づいたとき。普段そんな声が聞こえない人ならなおさら、それを現実の音として認識するはずだ。

そして、周りに嫌がらせをする人であれば、相手も自分に嫌がらせをしていると思い込んでも不思議ではない。いや、おそらくそう思うだろう。そして、

「仕返しをされているのかもしれない」

そう思い込んでもおかしくないのだ。

すると今度は「自分の行動が露見する前に、先に訴えるが勝ちだ！」と考え、僕に相談を持ちかけたとは考えられないか？

精霊や霊体たちは、本当に「ただ遊びに訪れていただけ」なのだろうか？

もしかしたら、現世における小さな問題点をあぶり出すために、そんな行動を起こしているとしたら？　仮に彼らにそうした自覚はなくても、結果的に意味ある結果を生んでしまうのも見えない世界の定めというか、流れだったりするのかもしれない。

で、だ。結果的にこの問題は、やはりAさんが行っていたことが判明したが、のちにその背景がわかってきたのである。Aさんは会社を辞めてから人との関わりがなくなってしまい、精神的に不安定になっていたことがわかった。病院にも通っていたらしい。そこで、様々な趣味のサークルや町内会で開催するお話し会などを紹介することで、いい方向へ促すことができた。最近では、以前のように快活な表情が戻りつつある。僕もホッとした出来事だった。

今回の件は、おそらく僕たちの周りにいる霊体たちの仕業だ。つまり、霊体現象を起こすことで、ひとりの人間の命を救ったのだ。

精神的に不安定になったAさんの耳に、自分たち霊体の騒がしい音を聞かせることで騒ぎを起こさせた。そして結果的に僕が出動することになり、問題の解決へつながったわけで。

ガガはよく、こんなことを言う。

「なんせ我々は実体がないからな。最後は、周りにいる者たちを通じて、うまく導くことしかできんのだよ」と。

後に聞いたところによれば、Aさんの守護霊が「なんとか彼を救いたい」と藁にも縋る思いで、同じマンションに住む「霊界マルハッ」である僕たちへアクションを起こし、そして包丁お松が「こりゃタカのネタになるべ。よーし、みんな騒げや騒げ、踊りおーどるなーら♪」と、毎晩うるさかったのが真相だとか。

ううむ……面倒ごとに囲まれている以上は、もう仕方ないと諦めるしかないだろうな。

いずれにせよ、霊体たちの活躍……と、僕は言いたくないが（だって、騒いでいただけでしょ）、結果として問題を解決することができたのだから、理事長だった僕としてもホッとした出来事ではあった。

でも、僕がこのときに感じたのは、やっぱり人間関係は大切にすべきということである。Aさんは、これまで続けてきた仕事を定年退職したが、家族も趣味もなく、友人と言える人もいなかったらしい。

一日中部屋に引きこもっているうちに、誰かに話を聞いてほしくて徘徊を始め、隣人のところに押しかけようとした（これはこれで恐ろしいけどね……）。

きっと職場でも、いい人間関係が築けていなかったのだろう。

若い頃は、学校や職場など努力しなくても同級生やクラブの先輩後輩、同僚などが周りにいる。でも、それをいつしか、「自分には友達がいっぱいいる」と勘違いしてしまうのだ。そういう人、世の中にはいっぱいいる。

本当は「同級生だから」「同じクラブにいるから」「同僚だから」「仕事の付き合いだから」という理由だけで、表面上の付き合いがあっただけなのに。

それが卒業したり、職場を離れた瞬間に、独りぼっちになってしまう。好きでなければまた会おうという人はいない。

だいたい積極的に動き、人間関係を築く努力なしには、人との縁なんてつながらない。勘違いしたままの人たちは、学校を卒業したら、会社を辞めたら、同級生、同僚との関係も疎遠になってしまい、初めて気づくのだろう。このAさんのように……。

だから僕は常に、一度話したら「この人にまた会いたい」と思われる人になりたいと思っている。そうやって人と接するようにしているのだ。

僕もかつては、学校や部活、それに会社などの関係にあぐらをかいていたところがあったから。その集団を離れたときに、また会おうと言ってもらえるように心がけて現在がある。寂しい思いをするのは嫌だ。そして、見えないものたちに現状を暴露されることも嫌だ。いや、僕は別にばらされて困ることなんて、ない(はずだ)。

ハートブレイクSOS、何もしてないのに警察が助けにきてくれた不思議な話

そんな賑やかなれど、気忙しい日々が続けば誰だって疲れてくる。とはいえ、夢中なときほど自分の疲れに気づかず無理をしていたりする。この出来事は、そんな日々の中で起きた。

その頃のワカは、だいぶ疲れが溜まっていた。コロナ禍が明けたとはいえ、まだ人との接触には神経を使うことが多く、なかなか思うように動けないこともあった。霊界ストレ

スもあっただろう。それでもありがたいことに仕事のオファーは途切れることなく、僕の仕事は忙しかった。そうすると彼女も多忙になる。

また、呪いの人形の件以来ファンとの付き合い方にも気を配り、常に変化する友人関係や人間関係など、いろんなことに気を使いすぎたのか、ついには血液検査で異常な数値が出るほど疲労が蓄積していた。それでもそれを認めようとせず、「大したことじゃない」とごまかしてしまうのが彼女の悪いくせである。

ワカは常日頃から、自分の念が強いために、悪いことを考えないように気をつけている。昔、嫌いな先生のことを「事故でも起こしちまえ」と思ったら、その先生が車にはねられて大ケガをしたと聞き、ビックリしたことがあった。意地悪な同級生のことを「どこかへ行っちゃえ」と思ったら、突然親の離婚で転校することになったこともある。

そのときの後味の悪さを思うと、自分は何かを願ってはいけないと思った。少なくとも、他人の不幸を願うことは絶対にしないようにと、心に誓ったのだ。

だけど、過度に気持ちを押し殺していると、そのゆがみは自分へ向かってしまうらしい。いつしか心が悲鳴を上げていた。まるで麻酔を打ったかのように限界に気がつかずに心も体も傷ついてしまったのだ。

きっとそんな心の声が、溢れ出てしまったのだろう。遂に、ＳＯＳを発信したのだ。

ある日、ワカが実家で父母と過ごしていると、不意にスマートフォンが鳴った。見覚えのない番号だったので無視しようかと思ったが、そのときはなんだか出たほうがいいような気がしたという。恐る恐る出てみると、それはなんと警察からの電話だった。聞けば、ワカの携帯から警察へ電話があったのだという。

しかもその内容は、大勢の人が大騒ぎしている声の中で、女の子が泣きながら「助けてください！」「もう無理です！」と叫んでいたというものだった。のっぴきならない状況だと判断した警察が、緊急事案として動くことを決定。すぐに折り返しの電話を入れたとのこと。

ワカは何度も確認したが、誤って発信した形跡もなければ、その時間は実家で父母と話をしていたのだから間違いない。だけど警察では、ワカの携帯番号からの発信であることは明らかだという。

結局は、「すみません、何かの間違いですね。ご迷惑をおかけしました。こちらは問題ありません。本当に大丈夫です」と説明し、それ以上の詮索はされなかったのだが。

警察は、本当に心配してくれた。「本当に大丈夫ですか？　遠慮はしないでいいんですよ」と、何度も念を押してくれたほどだ。

だけどワカからすれば訳がわからずに、いやいや、電話なんかしてないし。というか、一体なぜこんなことが起こったのだろうかと、首を傾げるばかりだった。

ガガによれば、これはこれまでいちばん危険な状態だと判断して、心がSOSを出したのだという。そこに霊界や神様、そしてガガのような龍神たちが関与したのかはわからない。

だけどたしかに、警察に電話があり、緊急時案としてワカを救おうと動いてくれた。これだけは事実である。

「それほど危険な状態であることを自覚したまえ。そして自分の心や体を、もっと大切にするがね」

ガガにそう諭され、それからはいろんなことを本音で語り合うようにした。

世間体を気にして我慢していたこと。

嫌だけど、相手のために無理していたこと。

苦手な人を苦手と言えず、無理して付き合おうとしていたこと。

いくら仕事のためとか、相手のためでも、自分の心と体を傷つけてはいけない。そんなことを改めて真剣に話し合い、僕たちはそれまでやってきたことを振り返り、自分たちのために行動を改めた。いくつかの関係を捨て、いろいろと暮らしを改善した。

こんな不思議な現象とまではいかなくても、皆さんにも心のＳＯＳが出されているときがあるはず。

行こうと思ったところに行けない。

何かしようとすると不思議と妨害が入る。

その人と関わると、必ず嫌なことが起きる。

そんな「なぜ?」と思うことがあったら、それは心からのＳＯＳの可能性がある。

自分の心や体のために、いま一度行動を振り返ってみる。そのやり方を見直してみる。

そんな機会を設けてみてはどうだろうか。

誰でもきっと、そんなことを抱えているから。

写真を通してやってきた、霊界メッセージ

このように霊界が動いて様々な方法で人間に警鐘を鳴らしてくれることは、実際にある。

それは時にビックリするような出来事で、強烈に知らせてくれる。今回の事例を含めて。そして僕は過去に、そんな驚くような出来事で危機を教えられたことがある。それが巷では「心霊写真」といわれる代物だ。

その写真を撮られたのは、2015年1月のことだった。

ガガさんが僕らの前に現れる直前だっただろうか。まあ、実際はすでにいたのだけど、そのときはまだ僕もワカも気がついていなかった。作家としてデビューする2年前のことだ。

今から見ても不思議で、当時の僕たちも気づいたときにはさすがにビックリした一枚である。

僕が大きな看板を掲げて笑って立っている写真。それを眺めていたときに、急にワカが悲鳴を上げた。

「タカ、これ見て。足が一本ないんだけど……」

そんなバカな！　と僕もその写真を覗き込むと、確かに右足がないのだ。

看板の陰に隠れているのかも、と考えたけれど。どう考えてもそんな無理な体勢をとれるはずもなく。明らかに「右足が消えている」のだった。

普通に怖いじゃないか、ガビョーン……。

だけどこれ、今になればわかるのだけれど、僕には生まれたときから、守護霊の暁さんという頼もしい存在がいたわけで。それで、暁さんに聞いたところ。

「こりゃあんた、ご先祖さまからのメッセージやわ。右足のケガに注意せいということやよ。特にあんたは昔から足をケガしやすいやろ？　1月中は特に気をつけなあかんよ」

ということだった。もしかしたらアメノミナカヌシからの啓示があったのかもしれない。

それを聞き、1か月間はめちゃくちゃ気をつけた。階段の昇り降り、出かけるときには足元に注意して、若いつもりでむちゃはしないように注意した（よくやるんで、僕……）。

すると、いつもは確認もせずに駆け降りる石段を、足元に気をつけていたおかげで石段が崩れかけていたことに気づき、転げ落ちるのを回避できた（危なかった）。また、信号が赤になりそうなので走って渡りたいところを「いや、待て。慌てるな」と立ち止まったこともある。するとその瞬間に、信号無視の車が猛スピードで横切っていき青ざめたことがあった。

「なんとまあ。あの写真のおかげで警戒していて助かった」

細心の注意を払っていたおかげで、大きなケガをせずに済んだのだった。

世の中では、こんなふうに心霊現象のようなかたちでご先祖さまや守護霊さまから、わかりやすいかたちでメッセージが届くことがあるのだ。

もし、「えっ！　何この写真?」とか「なんでこんな不思議なことが!?」ということがあっても、焦らずに、自分の直感に従ってみるといい。

「ここ、気をつけよう」とか、「安全にいこう」と感じることがきっとある。

意味のある霊界からの助言ならば、あなたが気づくかたちでメッセージを発してくれているから。

それでももし、「これはヤバいパターンじゃないか」と感じた場合には、お寺などでお焚き上げしてもらうとか、適切に対処（処分）するのがオススメだ。

「8月は帰省するな！」あの世からの警告

そしてこれも、霊界からの警告といえる出来事だろう。

「8月は帰省するんじゃないよ。恨みの念っていうのがまだ残ってて、絡まれると厄介だからさ。おとなしくしてな」

ワカが再び体調を崩した8月の初め、包丁お松からそんな警告を受けた。どうやらワカの体調が優れないのは、霊界の影響らしいのだ。

確かに7月の末からずいぶんの間、ワカは原因不明の体調不良に悩まされていた。警察からの電話の一件から、体調管理には気をつけていただけに、不調の原因がわからずに困っていたのだ。連日の猛暑から初めは熱中症かと思ったが、一度熱中症で動けなくなった経験のある彼女は、そのときとは状態が異なるため原因を探りあぐねていたのだが……。まさかこれも、霊界現象のせいだった？　こりゃいかん。僕たちは身構えた。

8月は注意してすごせ。
盆だから一度追いやった悪い霊体がまた出てくることもある。
今年の夏は、霊道がいつもより広い。
墓参りは時期をずらせば問題ない。
万が一、何かあると大変だぞ。

そんな言葉で諫められたのだ。

詳しく聞けば、その年のお盆は例年に比べて霊道が広く、様々な霊体たちがやってきて、この世に影響を与えるのだという。特にコロナ禍では、人々の移動が制限されていたこともあってか、霊体の出入りも少なく、道幅も狭まっていた。それが久しぶりに人々の動きが活発化したことで多くの人たちの心も弾み、感受性も強くなった。するとそれに呼応するように、霊体たちにも感情が芽生えて行動が活発になった、と包丁お松から教えてもらった。

そういう年は、この世とあの世とを隔てている門が開くお盆になると、いつにも増して多くの霊体が行き来するらしい。コロナ禍で海外との行き来が長い間できなかった分、規制が外れたことで訪日外国人が一気に増えたような、そんな感じだろうか。

そういうとき、ワカのような体質の人間には酷な時期となる。なぜなら、みんな「わかる人」のところに意思を伝えたくてやってくるから……

そんな中でも近親に最近亡くなった人がいたりする場合、特に恨みや無念を抱え、生きている人への執着が残っていたりすると大変だ。そんな負の念をまともに受けかねないことから、包丁お松が「今年のお盆は帰省するな」と警鐘を鳴らしてくれたのである。

特に今年は、蛇に化けた死んだ親類に襲われたばかりだから、なおさらだ。二度とあんな目には遭いたくない。素直に包丁お松の助言に従うことにしたのは、言うまでもない。

こんな話を聞けば、

「霊体の声が聞こえなきゃ、そんなこと気づかないよ。ズルいじゃん！」

と言われそうだが、安心してほしい。僕たちもいきなりお松からの警告で知ったわけではないのだから。

実は、警告を受ける前にすでに僕たちはお盆の帰省を中止していた。なぜなら、8月初めに終わらせた車検に、なんと2日で異常が出た！ ありえない。いやしかし、実際にありえないことが起きたのだ。

すぐにディーラーへ連絡したものの、

「小野寺さん、申し訳ありません。明日からお盆休暇に入ってしまうのと、部品の手配にもお時間をいただくことになります。けれどもこのまま乗車されると危険なので、またしばらく車を預けていただく必要が……」

ということになってしまったのだ。

それで僕たちは、お盆期間中の帰省を断念した。

もちろん代車は借りられるけど、僕はやっぱり愛車のインサイトくんで帰省したいという思いとともに、何度も言っている「流れには逆らわない」という心がけに忠実に行動した。だいたいトラブルに巻き込まれるのは、流れに逆らったときなのだ。霊界からのお導きには逆らわないのがいちばん。つまりこれが、「ご先祖さまが守ってくれた」につながるのである。

そんなときに包丁お松が現れて、このようなリアルな問題があることを教えてくれた。今回も流れに逆らわなかったのが正解みたいで、僕もホッと胸を撫でおろす。

ただここで誤解してほしくないことがある。

お盆にお墓参りに行くのは危険だとか、そんなことを言っているわけではない。むしろ逆で、今回の足止めも「今年は無理してこなくていいぞ」というご先祖さまの判断でしてくれたこと。これも、日頃からお墓参りを欠かさなかったおかげだろう。

いつの時代も、家々にはそれぞれ事情がある。ない家なんてない、必ずある。どんなことであれ、今もなおその血筋が続いている以上は、そこには「生きたい」「子どもたちのために」「子孫のために」という意思が少なからず働いている。

だから、そんな子孫たちにお墓参りに来てもらい「こんど小学校に上がりました」「就職が決まったよ」「家族ができました」と報告をしてもらえれば、どんなに嬉しいことか。

自分たちが命をつないだ子孫が幸せでいる。その事実が、自分たちが生きていた時間を肯定してくれるから。そして血のつながった人たちからの敬意を感じれば、その喜びもひとしおだろう。そんな子孫ならば、よりいっそう強い力で守ってあげたいと思うはず。

けれど逆に、自分たちがしてきたことに敬意を払ってもらえなければどうだろう？　いくらご先祖さまだって不満に思うのは当然だ。それを恨みに、いや、どっちかというと嫌みに思うことだってあるかもしれない。さすがに子孫を恨むとかそういうことはなくても、守ってあげたい、助けてあげたいという、そんな気持ちは多少薄れても不思議じゃない。

だから今回の件も、過去に心霊写真で危機を知らせてもらえたことも含めて、僕はちゃんとご先祖さまから認めてもらえているのかな？　欠かさずにお墓参りに行っていてよかった！　ご先祖さまありがとう！　そう心から思ったのだ。

だからね、少なくとも行けるときには、ちゃんと墓参りに行こうよ。もう墓じまいとか、歳取ったからとか、行きにくいなあとか、それもわからなくもないけど。年に何度かのことじゃないの。そのときくらい、故人を思うことすら無理なのかねえ。手を合わせてさ、お花とお水、時には好きだったお菓子を携えて「来たよ」って言うくらいはできるはず。

別にお盆やお彼岸じゃなくても、故人を思い出すとか、そんなときにふらりと行ってもいいしね。

近い子や孫という立場であったならなおさらだ。お彼岸やお盆には必ずお墓参りにやってきて、家のお仏壇にも手を合わせてくれる子どもや孫がいるとする。それに対して、さっぱりお墓参りにも訪れない子どもや孫たちがいるとしたら、父母や祖父母は、どちらを応援したくなるか？

なんか人間みたいなリアルな話だけど、実際にこんな故人の声を聞いたことがある。

「そりゃ、墓参りに来てくれたり、仏壇でナムナムしてくれたら嬉しい」

ってね。そして、

「ワシの財産だけどね、○○にはあまり渡したくねえな。アイツ、なんだか薄情だもん。全然、墓参りにもこねえし」

なーんていうリアルな声を……（本当です）。

毒親とかそういう言葉も耳にする世の中だけど、少なくとも好きだった親や祖父母だったならば、お墓参りや供養はきちんとすることを強くオススメする。

それに詩子さんが言っていたけど……。

「最近、『墓じまい』したことや『散骨』したことを後悔している霊体が多いんですよ。お墓もなく骨もなければ、自分がこの世にいた痕跡（証しとなるもの）がないんですね。自分を知っている人がいなくなれば、この世にいた痕跡がなくなって、いつか完全にこの世から忘れられてしまいます。それを嘆いて、後悔しているようですよ。生きているときには気がつかなかったけど、死んで初めてわかることもけっこうあるんですね」

それを聞くだけでも、お墓があること、お参りしてくれる人がいることが、どれだけありがたいか。そして、死んだ後も満足していられるかがわかろうというものだ。

あのとき、カメラだけが見ていた風景

ご先祖さまの話といえば、ちょっと衝撃的なことがあった。

これはワカが見た夢の話だけど、聞いていて僕も驚いたリアルで不思議なお話だ。

まず目の前に広がる、真っ白な世界。

よく目を凝らしてみると、真冬の雪に埋もれた山中のようだった。

視点は、雪に半分埋もれた状態からのようで、視界も半分雪に埋まったように下が真っ黒になっている。しかも斜めに傾いて見える。

「一体これはどんな状況だ？」

と考えて、ふと頭に降りてきたのが「カ・メ・ラ」という三文字。そう、誰かが肩に掛けていたカメラが、倒れた拍子に雪面に投げ出されたような。その状態でカメラのレンズから見えた映像が視界いっぱいに広がっている。

男たちが次々と裸になって、ある者は狂喜乱舞しながら川に飛び込み、ある者は、家族の名を叫びながら雪面に倒れていく。

怖かった。怖くて、ほとんど悲鳴を上げて跳び起きた。脂汗をかいていた。

そして彼女の悲鳴で目を覚ました僕に、その話を聞かせてくれたのだ。

それを聞いた瞬間にピンときた。そう、僕の頭に思い浮かんだのは、「八甲田雪中行軍遭難事件」だった。

１９０２年（明治35年）１月、日露戦争に備えて陸軍第8師団歩兵第5連隊が青森の八甲田山で雪中行軍中に遭難した事件で、多くの書籍や映画にもなったから知っている人も多いはずだ。

僕がガガに導かれて初めて青森県の十和田神社を訪れたとき、遠く十和田湖越しに見える八甲田山を眺めたのを思い出した。

実は小野寺家のご先祖さまもひとり、そのときに亡くなっていることは、前作『妻は見えるひとでした』で記した通りだ（正確には僕の曽祖父のいとこにあたり、お骨も曽祖父が青森まで受け取りに行ったと聞いている）。

実際に小野寺庄右衛門という名前を仙台市図書館で調べたところ、出身地が本吉郡松岩村となっていたので間違いなかった。同じく亡くなった水野忠宜中尉の従卒（将校の身の回りの世話などをする人）だったようだ。

ここで興味深いのは、水野中尉が写真撮影を趣味にしており、八甲田雪中行軍でもカメラを持参し、それが従卒である庄右衛門の遺体のそばに落ちていたという事実である。

もしかしたら小野寺家のご先祖さまが、自分が携えていたカメラレンズを通してワカにそのときの様子を伝えようとしたのかもしれない。

しかしまあ、そんな光景を目の当たりにさせられるほうも大変だよと、正直そんなことを思った。

もしかしたら、お墓参りに訪れる僕たちの姿を見たご先祖さまが、自らの生きた証しを見せたくてこんな夢を見せたのだろうか？　とはいえ、いきなりこんな映像を見せたところで気づくのは難しいから、僕がちゃんと理解できるように時間をかけて段取りをしていたのかもしれない。というのも、実はこの八甲田雪中行軍の事実を聞いたのは父からだった。そしてその父も、家の裏に眠っていた古い墓石群を見つけ、新しい石碑に作り替えて整備したのをきっかけに、ご先祖さまの歴史を調べ始めたのだという。数年前の帰省時に、やたら八甲田山雪中行軍に関連する書籍が並んでいたので「どうしたの?」と聞いたことから、ご先祖さまのひとりが八甲田山で殉職したという事実を知ったわけだ。

そんな段階を踏んで、僕たちにそのことを知ってほしかったのかもしれない。

その事実を知り、僕は中学生の頃に野球部の練習でよく走っていた公園に足を運んだ。そこには殉国慰霊塔があり、裏に日露戦争から幾度にもわたる戦争や事変で気仙沼出身者の殉職者数が刻まれていたこと。そして、その事変の中に八甲田山の雪中行軍もあったことを思い出したのだ。

それを見つけた子どものとき、「八甲田山雪中行軍に気仙沼の人も参加していたんだ」と思ったくらいだったけど、まさかそれが自分の先祖だとは夢にも思わなかった。

霊界は段階を経て、ちゃんと僕たちがわかるように導いてくれているのだなと感じた。

ちなみに余談だが、以前ガガからこんなことを聞いたことがある。

「雪女はいるがね」

え？　マジでっ？

雪山で凍死した人間は、その多くが雪女に息を吹きかけられて死ぬのだという。

たまたま生き残った人間が、その様子から雪女伝説を生み出したという。

ならばなぜ、雪女は息を吹きかけて殺してしまうのか？

それは、苦しませずに死なせるため。

つまり、雪女なりの愛情だと。

もしもそれが本当ならば、ご先祖さまも苦しまずに逝ってくれたことを祈らずにはいられない。

ただ、ガガの話はこれで終わらない。

「雪女は夏になると溶けてしまうからな。短く儚い命なのだよ。だが、最近はクーラーや大型冷蔵庫のおかげで生き延びる雪女も多くてだな、２０００人くらいはいるのだぞ」

２０００人っ？　うっそー。

「本当だがね。昔は、魚市場の大型冷凍庫で働いていたが、やはり魚臭くて不評でな、最近は人気がないそうだ。やはり製氷所がいちばん人気だな。ちなみに夢は常夏の南の島へ行き、ビキニで海に入り、日焼けすることらしいがね。ガハハ」

……お茶目なガガの話なので、一体どこまでが本当でどこからが冗談なのかは定かではない。

だけど、

「雪女はみんな美人だがね。顔も心も美しく、会った者は惚れてしまうがね」

その言葉だけは本当であってほしい。

そして……そんなに美人なら、一度会ってみたいとも思う僕なのである。

い、いや、取材のためですよ、仕事だってば、もう！

時空を超えてやってきた僕？

このように、ご先祖さまの魂が何かを伝えるべく、その思いが時空を超えてくることもあるわけだが、時には自分や身近な人が無意識に時空を超えたりする話もしよう。そんなことが起きやすいのは、意外にも人が多く集まる場所だ。人が大勢いる場所は、周りに気づかれにくく、見えざるものにとって格好の場所でもあるらしい。

例えば渋谷のスクランブル交差点なんかは、けっこう霊がいたりする。人混みに紛れているだけだ。けれども、人の多さで誰も気づかないし、多くの人のうちのひとりという認識しかないからジッと見つめて確かめる人などいない。なので、霊体にとっては絶好の隠れ蓑というわけである。

そしてもうひとつは、競馬場のように人が溢れているけど、それぞれが自分の馬券検討に夢中で、周りに気を配らない場所にもいたりするらしい。

これはちょっとホッコリする話なのだけど。

あるとき、僕とワカは福島競馬場にいた。僕たちは基本的に、それぞれのペースで楽しむのでバラバラに行動する。行動パターンはお互いにわかっているので、「このへんに行けば会える」というポイントがいくつかあって、必要があればそのあたりをウロウロしていれば、だいたい見つけることができるわけだ。

ワカは競馬新聞を片手に、馬券の検討をしながら広い場内を歩いていた。

「2番がいい感じだわよ、あんたアタシに乗りなさい?」

紫のマントを羽織った怪しいギャンブルの神様、ベンジャミンがアドバイスしてきたようだが、このギャンブルの神はいいかげんなので、乗るとたいていは後悔する。ワカは「ふん、買う馬くらい自分で選ぶわ」と、ベンジャミンを無視して「うーん、6がいいかな」と軸馬を決めた。そうこうしていると、僕にそっくりな人が前を横切ったそうだ。その後姿があまりにも似ていたので、ワカは確認もせずに「ねえ、タカ。次のレース何買った？　私はさあ、6番を軸にして……」と、相手の腕をつかんで声をかけた。

するど、振り返った顔がまるで老後の僕みたいだったという！

しかも「ま、間違えた！　ごめんなさい！」と、言い終えぬうちにその人はスーッと姿を消してしまい、あたりを見回しても二度とその姿を見つけることができなかったのだとか。

ワカはこう思った。

もしもあれが、歳を取ったタカだったとしたら……。

未来の僕の姿が、映画『バック・トゥ・ザ・フューチャー』のように何らかの拍子で時空を超え、そしてワカの目に留まったのだとしたら……。

「あはは、なんかおもしろいし、それ、嬉しい」素直にそう思ったという。

それに、そのおじいさんは、オレンジ色の登山リュックに愛宕神社のお守りをぶら下げていたという。なんだ、僕は歳取ってもあの夏の思い出は大切にしているんだな。そして今と変わらずに好きな競馬を楽しんでいる。それならけっこう幸せな未来じゃん、そう思った。

もしかしたら、そんな将来の自分が、どこかに紛れていてもおかしくなかったりしてね。

ほら、あのとき、人混みで見つけた人はもしかしたら……（あ、そのレースはベンジャミン推しの2番が圧勝しました……ワカさん撃沈、チーン）。

父を救いに幼い娘が夢に現れた

時にはそんな、ほっこりするような時空を超えた経験もあるのだけれど。ときには、「見える」「聞こえる」という人をあてにして、困っている人の念が飛んでくる場合もある。

僕とワカが結婚して数年を経た頃だった。

ある日、ワカの夢に女の子が現れたのだ。

その子は「リコ」と名乗り、

「私のせいだ」

「病気なんです」

「私のせいでパパが、パパが……」

と、繰り返し涙ながらワカに訴えたという。

けれど当のワカにはそんな名前の子どもに覚えはなく、この小さな女の子が誰なのか？

そして一体何を訴えているのかがさっぱりわからなかった。当然、

いった。

「タカ、なにかわかる?」

と聞かれても、僕も首を傾げるばかり。この現象の意味がわからずに、時だけが過ぎて

ところがこの話は、意外な展開を見せることになる。

ワカが実家に帰ったときに、ふと「リコ」という名前を口にしたところ、父が何かに気づいたような素振りを見せ、しばらく考えて、

「それ、こないだ生まれたいとこの赤ん坊の名じゃないか?」

そのいとことはほとんど交流がなかったのだけど、父が親戚から、いとこが子どもを産んで「リコ」という名にしたらしい、という話を聞いたばかりだったのだ。

交流がないとはいえ、一応は親戚だ。僕たちは父に頼んで、いとこの最近の様子をそれとなく聞いてもらったところ、なんと生まれたばかりのリコちゃんが、入院しているというではないか!

しかも、手足の骨折でリコちゃんのお父さん(つまりいとこの旦那さん)が家庭内暴力を疑われて、警察に通報されている状態だとか。

家族からも疑われ、悲しいかなその旦那さんは現在、娘に会わせてもらえず、遠ざけら

れているというのだ。

「いや、違うな。やってないよ、その旦那さん。かわいそうに、濡れ衣だ」

ワカが早速、夢での出来事を伝えたところ、すぐにリコちゃんを病院で精密検査してもらうことができた。その結果はなんと、先天的な病気で骨が異様にもろく、ちょっとしたことで骨折しやすい体質だったことがわかったのだ。

原因がわかったことで、リコちゃんのパパの疑いも晴れ、無事に娘との再会を果たしたということだった。

幼いながらも父の危機を感じ取り、どこかで血のつながったワカの夢に現れたわけだ。不思議だけれども、本当にあったお話。

夢が教えてくれるから

こんな話をしていると必ず、「私も見えるひとになりたい」「霊が見たい」という人が出てくるのは仕方ないこと。だけど先ほどの話のように、困っている人の念までやってくるのだから厄介ごとが多くなるのも事実。だから僕はこう言いたい。

「こんな力、ないほうが平和に生きられますよ」と。

それに、どんな人でも守護霊や神仏からのメッセージを一応は受信できるのだ。それがいちばんしやすいのが、眠っているとき。先ほどの話でも、夢の話が多いのでお祭しの方が多いかもしれない。

その証しといってはなんだけど、日本の神々の話をまとめた『古事記』や『日本書紀』でも、神様が夢を通して人間に神託を下すシーンが随所に出てくる。

大神《おおみわ》神社の神様、オオモノヌシが崇神天皇の寝所で神託を下しているシーンがあるし、神武天皇がピンチに陥ったときには、アマテラスとタケミカヅチが、これまた眠っているタカクラジ（高倉下）に神託を下して剣を授け、助けに走らせた。

神託とまではいかないにせよ、ワカも夢の中で死んだ祖母と出会っている。折り紙で遊ぶうちに指を切ってしまい、朝起きると本当に指が切れていたという不思議な体験をしている。実は最近も、ワカが夢の中で何か刀のような刃物を受け止めようとして、掌を切ったのだけど。驚いて目が覚めると、掌にかすかな痛みを感じたという。そこに目をやると、夢で切られたのと同じところが切れていた。これは僕も確認したから、間違いない。

ワカ自身も、とても印象的な夢だったらしく。

「いやぁ、久しぶりだね、こういうの。ほんと長らくなかったけど、また何かが動きだしたのかな?」

と、なんだか予言めいたことを言っていたほどだ。

また、夢で「507には気をつけろ」という助言をもらい、母が入院する部屋が507号室でビックリしてすぐに部屋を変えてもらったという経験もある。もしあのとき、そのまま507号室に入っていたらと思うと、一体何が起きたのかゾッとする話である。

そしてこれらの話に共通するのは「見えぬ世界と夢でつながる」という点だ。

とはいえ僕のように、眠っている間に何かを伝えようとして守護霊さまが頑張っても気づかぬアホもいるわけだが……。そこはまあご勘弁いただきたい。

実際に我が美しき守護霊の暁大夫も、

「あのバカ、わっちがどんだけ頑張っても気づかんのよ。そりゃ神様も足を捻ったり、転んで肺に穴をあけるっちゅう強硬手段に訴えるしかありませんわなあ。ほほほ……」

と笑っていたとか。頑張って気づきますので、これ以上はご勘弁を～!

だけど、これとはまた違うパターンで……。

そう、明らかに霊夢と感じるような夢を見ることもある。

はっきりと「こうしろ！」「これはやめろ！」とは言わないが、自分なりに答えを見いだすよう促されることもあるのだ。

これはある夜にワカが見た、不思議な夢の話だ。

僕ら夫婦は、本格的な中華料理店に出かけた。

スーツとドレスで身なりも整えていったのだが、店内は非常に混み合っていた。

店員が忙しく動き回り、店内に電話の着信音が鳴り響くもなかなか出る様子がない。

そこでなぜか、僕が受話器を取り「はい。〇〇苑です」と受け応えしてしまう。

電話の相手は中国人で、ものすごい大声でがなり立てられ、僕は驚いてしまう。

そうこうしているうちに、僕たちに気がついた店員がようやく席に案内してくれる。ニコニコ笑う店員が「キョウハオイシイノイッパイタベテクダサイ」と言い、僕たちはワクワクする。やがて料理が出てくるのだが、それを見てふたりでギョッとする。

それは大きなエビで、まだ生きていたのだ。

僕たちが食べるのを躊躇していると、次に出てきたのは、青い鳥の酒漬けだった。しかもやっぱりまだ生きている状態で……。

僕たちはさすがに参ってお店の人に、

「すみません。生きているままだと食べにくいので、食べられる状態で出してほしい……」

と懇願すると、

「イキテル、アタリマエナノニ。シカタナイネ、ワカッタヨ」

料理は下げられ、見慣れたエビ料理や鶏肉の料理として再びテーブルにのせられた。

しかし、僕たちは先ほどの光景が目に焼きついていて、やはりどうにも食べづらかったという夢である。

きっとそこには、僕たちが普段忘れがちな「自分たちは命を食べている」という事実を、思い出させようとしている気がした。

すると、この夢を見た翌朝、ガガがこんな話をしてくれた。

「世の中では神様や龍神が好きで『メッセージをもらいたい』『話を聞いてみたい』と願う者も多いがね。自称霊能力者やおかしなスピリチュアリストに高額なカネを払って、能力を身につけようとする者までいる。我が言うまでもないが、そんなことはムダだがね。なぜならその多くはビジネスで、能力など最初からありゃせんからだ。それよりもまずは、自分の感性を鍛えたり磨いたりするといいがね。なぜなら多くの人間は皆、多かれ少なかれスピリチュアルな感覚を有している。しかしほとんどの者がそれに気づかずに、スルーしてしまっているだけなのさ」

これについては、詩子さんもこんな興味深いことを言っていた。

「こちら（霊界）から見ていると、能力者には変な人が多いですね。それはたしかにわかるし、見えるひとなんです。だけど、見えることと人格はまったく別のもの。いつしか自分に都合のいいフィルターをかけて本質をゆがめて伝える人が多いです。伝言ゲームみたいに、本来の霊界が言いたい意味をねじ曲げていますね。それが意図的なのかどうかは、わかりませんが」

能力があるのと人格が素晴らしいのは別もの。そして、自称能力者やおかしなスピリチュアリストは、初めは本当に見えていたのかもしれないし、今もわかるのかもしれない。けれど、その力を自分の利益のために使い始めたらおかしなことになるのは、自明の理。そんな人に頼るよりも、自分自身に備わる感覚を大切にすることが大事だと、ガガは言いたいのだろう。

そして今、僕は夢の話をしたけれど。ガガによれば、夢に限らず様々なところで人は、見えない世界とコンタクトを取っているようだ。

ある人は友人の口を借りて。

ある人は街で遭遇した出来事から。

ある人はひょんなことで手にした、一冊の本から。

ある人はふと目にしたポスターの一節から

すべての人間は、自分を守ってくれている存在から、しっかりとメッセージをもらっている。それをただ「偶然」で片づけてしまっているだけなのだ。

そしてそれらのうち、最もわかりやすく伝えられるのが、もう一つの世界。そう「夢」の世界なのだ。

だからガガは言う。

「具体的には自分の見た夢で、特に印象に残ったものは覚えておくといいがね」と。

だから僕は何年も前から、枕元にメモ帳を置いて眠っている。それは印象に残る夢を見たときに、すぐに書き留めておけるようにするためだ。そのおかげで、こうして今このように本を書き、皆さんに僕たちの経験を伝えることができているのである。

強烈な印象で夜中に起きたときに、

「これほどの強烈な夢なんだから、忘れるはずがない」

と思って、再度眠りについて朝を迎えると、すっかり内容を忘れていることが多い。だから記憶力には頼らないほうがいい。とにかく記録だ、メモだ、これだけは言える！

もし、意味が読み取れなくとも「そういう夢を見たこと」をどこかに書き留めておくだけで構わない。大事なことならば、必ずその意味に気づくときが訪れるはずだから。

そうやって鍛えていく。その結果、誰だって見えない世界とのコンタクトを取るすべを身につけていくことができる、それを僕は言いたいのだ。

今後の人生で、いざというときの様々な兆候にも気づきやすくなるから。

天国と地獄はあるか？

ここまで、僕たちの不思議な体験をベースに話をしてきた。最後にひとがいちばん気になることを、ガガから教わったことや、今回の詩子レポートなども参考に出した結論をお話ししてみたい。それが「天国と地獄はあるか？」という疑問についてだ。ある意味、永遠の謎であり、誰もが知りたいと願うことかもしれない。

日本では人が死ぬと閻魔大王がいて、天国行きか地獄行きかを決めると言われていた。三途の川の畔には閻魔大王の妻とされる老婆がいて、死者の衣服を剝ぎ取り、衣領樹と呼ばれる木の枝に掛けるのだ。その重さで生前に犯した罪の度合いを測り、閻魔大王へ報告して行き先が決まるとも言われている。

世紀の大霊能者として有名なスウェーデンボルグの記録でも、ダンテの『神曲』でも、源信の『往生要集』でも、やはり霊界は階層になっていると記されているから、天国や地獄という二者択一ではないにしろ、いろんな段階があることは間違いなさそうだ。

そこで気になるのが、それをどんな基準で測るのか？　ということである。

もちろんそこに一定のルールや、規則があるわけではないと思う。だって、「正義」とか「正しい」は人それぞれだし、国や地域によっても違う。だから昨今の日本のように「法律では？」と、いちいち法律に照らし合わせるような行為はなんか嫌だし、バカバカしい。ならばと考えたときにいちばんわかりやすい方法に気づいた。

国や地域、それに時代にも左右されない感覚こそが、「人の心」そのものなのだ。

だから、自分がどう感じるか？　他人がどう感じるか？　その感覚こそが大事なんじゃないか。

ラーメン屋でイヤホンをつけるのが「いい」「悪い」の論争だったり、店内でスタッフが声をかけるのは「いい」「悪い」の議論だったりといろいろあるけれど。その答えをどうしてもひとつ見つけるとするならば、「人を思いやる心があるか」の一点に絞られるというのが僕の結論だ。

だって、相手が求めているものはその人、そのとき、その状況によって異なるから。規則で「こう!」と決められるものではない。これはいいとか、これは悪いとか、一概に決めるのは無理なのだ。そう、人生とはハウツーではない。

そして、ガガや守護霊さまがこれまで長い人間の歴史を見てきて出した結論はこうだ。

その人の行動を見て、真似をしたい、と思えるかどうか。

その一点に尽きるという。

知名度があってSNSのフォロワーもいっぱいいる著名人にも2つのタイプがあって、ただ有名だからとか人気があるから、肩書や地位があるからとチヤホヤされるタイプの人は、意外と真似をされない。「この人が着ている服を買おう」とか「彼の行くお店に行こう」とはならないのだ。

これに対して、その人自身がとても好かれている場合は、真似たいと思われることが多い。「あの人が着ている服を私も着たい」「彼女が食べた料理を私も味わってみたい」と、同じ体験をしたいと切望する。これは純粋にその人が好かれているからで、肩書とか地位とかは全然関係ない。その人間性に惹かれているだけなのだから。

実はこのように「人の心を動かすことが、いちばん徳が高い」と、ガガも守護霊の暁さんも口をそろえる。

そもそも、人に行動を起こさせるのに必要なことはなにか？

成功体験？　損得勘定？　危機感？　いや、違う。それでは心から「やろう！」とはならない。うまくいくかもとか、得になるかもとか、危険を回避するためでは、心からの行動には至らない。

本当の意味で心を動かし、その人自身に「やりたい！」と思わせるのに必要なのは、本気で好きになってもらうしかないのだ。

だからガガは言う。

「実は、『多くの人から真似される人間』が、本当の意味での布施ができているといえよう」

「布施って、あの神社やお寺にお金を寄付する行為ですか？」

僕は尋ねた。ほかに貧しい人に与えることも布施になると聞いたことがある。

「さよう。いちばん徳がある布施というのは、相手の利益になることを説き、行動を起こさせる行為だがね。布施には大きく分けて二つあってな。ひとつは『物施』と言い、今おまえが言ったようにカネやモノを相手に与える行為だ。神社やお寺、貧しい人にカネを与えるわけだが、これには落とし穴がある」

「落とし穴とは？」

いいことをしたつもりが何か悪いことになるのか？　ここは興味深く耳を傾ける。

「カネやモノを与えたことで、いいことをした気になってしまうのが人間だ。その気持ちはいつしか『カネさえやればいい』という相手を見下した態度が芽生え、逆に徳が逃げてしまう。だから物施というのは、意外と徳が得られんのさ」

なるほどねえ。

大きな災害が起きたときに、著名人などが多額の寄付をしたというニュースが流れたりする。それは本当にすごいことだし、素晴らしいと思う。それと同じように多くの人たちが、自分なりの金額をコンビニの募金箱や日本赤十字社の口座に寄付をしていて、それが本当に大きな額になっているのを目にする。

なかには学校や会社で募金箱を設置して、同級生や同僚たちに呼びかけて、一人ひとりの金額は小さいながらも、まとまった金額を寄付している活動を目にしたりもする。

ひとりで大きな額を寄付することと、小さくとも多くの人の心を動かして募金を集めること。その比較は、決して金額だけではできないが、霊界から見れば多くの人の心を動かしたほうが評価されることもあるということだ。

僕が率直にそれを口にすると、ガガはニヤリと笑って続けた。

「それを我々は『心施』と呼んでいる。人間たちは、物施を財施、心施を法施と言ったりするが意味は変わらん。そうやって人の心を動かすことがいちばん徳が得られ、霊界から評価されるのだよ。誰だっていい話はできるのさ。正論を唱え、相手をその気にさせることはできるだろう。だが、大事なのはその後、相手に行動にまで移させるかどうかだ」

どんな国や地域でも、そしていつの時代でも、霊界で評価されるのは「あの人のようになりたい」「あの人の真似をしたい」と思われるような人間を目指すことだ。そしてそんな人になれれば、奪衣婆に、脱がされた衣服を衣領樹に掛けられても枝はしならず、閻魔大王にいい報告をしてもらえるだろう。天国に行けるのだ。

誰から見られても恥ずかしくない行動を心がける。

みんなが真似をしたくなる、そんな人間を目指す。

それでみんなが幸せになって、自分の死後もいい世の中が続いてくれれば……それがいちばんだ。

エピローグ

それは彼女ではなかった。いや、とても彼女に似ていた。ただ、それでもどこかで会ったような気がしたのは事実だ。あれは夢の中だったのか？

満開だった桜が葉桜になった頃、一通の手紙が届いた。ありがたいことにファンレターが出版社に届き、それを定期的に担当さんが転送してくれるのだが、その桜色の封筒は、ほかの手紙の中に埋もれずになんだか体温を発しているようだった。

差出人の名前はなく、封を開けると一枚の便箋と名刺が入っていた。そこには、不幸な事故で死んだ女性の話と、それについて一度、僕に会いたい旨がシンプルに綴ってあった。名刺には、【木谷美容院スタッフ　佑実】と書いてあり、携帯の番号がきれいな文字で添えられていた。

普段ならば、絶対にこんなことはしないのだが、そのときはなぜか「この人に会わないと」と感じた。名刺にあった番号に電話をかけると柔らかい声の女性が出て、果たして僕は、春雨に煙る杜の都で、謎の女性と会うことになったのである。

落ち合った喫茶店の椅子に座ると、佑実さんはこう切り出した。

「本を読みました。姉が小野寺さんのことを話していました。昔、北海道でひと夏だけ一緒に過ごしたことがあるのよ、って」

姉？　僕はまじまじと佑実さんを見つめる。ああ、そうか。思い出した。ずっとずっと昔、僕はこの人にとても似た女性に少しだけ心を許したことがあった。

詩子さんだ。今、目の前にいる女性は、詩子さんに似ているんだ。

「妹さん……詩子さんの」

僕の言葉に、彼女は柔らかく微笑んだ。

「この度は大変なことでしたね、お姉さん……あんなことになって」と僕は声を絞り出す。話を聞くと、佑実さんは美容師で、札幌市内のお店をランダムに手伝っているという。

「姉は、あなたのことが好きでした」

佑実さんの言葉に、僕は一瞬押し黙る。そして、心を落ち着かせるようにコーヒーカップを口元に運んだ。

そう、僕と詩子さんは確かにあの夏、北海道で同じ季節を過ごしたのだ。

僕はたぶん、好きだった。僕は詩子さんが好きだった。詩子さんも、僕のことを好きだと言ってくれた。情熱という類いではなかったけれど、きっとあれが僕の初恋だったのだと思う。手をつないでキスをし、彼女のあたたかい肌に触れた。夜は星が息を呑むほどきれいで、彼女は自分が世話をしていた牧場の馬たちへの愛を、たくさんたくさん語ってくれた。

「帰らなきゃならないよね。北海道には、また来る?」

僕の顔を覗き込むようにして、詩子さんは聞いてきた。僕は、その数日後には東北に帰る予定だった。

僕は……僕は……答えられなかった。

詩子さんはそんな僕を見て、アハハと軽快に笑った。

「もう〜、そんな真剣に考えないでよ。また会えるって。旅行で来ればいいじゃない。別に牧場を一緒にやろうなんて言わないから安心してよ。あなたは何か大きなことを成し遂げる人。だから、大きく羽ばたくといい。でも……」

でも? でも、何? 詩子さん。

「できれば……また会いたいね……」

僕はその言葉に、頷いていた。また会うくらい、きっとできるって。いつだってできるって。僕はまた北海道にやってくるからって。詩子さんのことが好きだから、きっとまた会いに来るからって。

その数年後には、妻となる人と出会い、すぐに結婚することなど想像もせずに……。

詩子さんが、ひそかに僕を待っていたことなど、思いもせずに……。

そう、僕はあの純粋できれいな目をした、そして初恋の女性を……裏切ったのだ。

佑実さんは、僕のことを恨んではいなかった。それどころか、僕のことをわかってくれているようだった。驚くべきことに、詩子さんは僕のことを妹にちゃんと話し、「私にもこんなロマンスがあったのよ」と自慢げに話していたようだった。

それは僕にとっても同様で、若くて、まだ何者でもなかった僕の青春の一ページに、詩子さんという女性は確実に書き込まれていた。

僕が東北に帰ってからは何年か文通をして、お互いの近況を報告し合っていた。詩子さんのことは好きだったけど、それでも何もかもをなげうって北海道に骨をうずめるほどの熱はなかったから、やっぱり僕は本気で人を好きになれないのだと、うっすら感じ始めていた。恋はするけど、情熱のままに人生を賭けられるという経験は、きっとできないのじゃないかと思い始めていた。詩子さんのことは好きなのだ。だけど、それは情熱ではなかった。ただ、彼女のほうは違ったと思う。僕のことを変わらず好きでいてくれたのじゃないだろうか。だから、僕の日々の暮らしを邪魔することなく、そして忘れ去りもしない絶妙なタイミングで手紙をくれていたのだと思う。

たったひと月の恋。ひと夏の恋。

佑実さんは言った。「姉と出会ってくれて、ありがとうございました。姉が愛した人が、あなたでよかった」と。

ああ、そうだったのかと思う。そして今、わざわざひとりで北海道から仙台にやってくるなんてどうしてだろうと思う。でもそれは僕にはわかるんだ。

「姉の日記を見て、小野寺さんに伝えなきゃいけないと思ってきました」

そう言った佑実さんの目は、詩子さんにそっくりだった。

「8年前に小野寺さんの本が出たとき、姉はとても喜びました。それはもう、自分の手柄のように大喜びで。私はこの人が大好きだったのよって、本をギュッと抱きしめて。その時、私は思ったのです。もしかしたら、姉があの夏に恋に落ちた人は、この人なんじゃないかって」

僕は黙って聞いていた。話なんかできない。言葉も出てこない。

彼女はその後、苦しいときを励まし合いながら共に乗り越えてきた幼馴染みと結婚し、娘もいると聞いてホッとした。念願だった牧場も買い戻すことができ、今ではその牧場は、小さいながらもついにGⅠ馬を誕生させるまでになったのだ。


世の中にはいろんな夫婦やカップルがいる。

親子も兄弟姉妹もいろいろだ。

どれもこれも、一筋縄ではいかないし、複雑な事情が絡み合っていたりもする。

だけど、それぞれみんな、一生懸命に生きている。

どんなかたちであれ、お互いが真剣に向き合って、自分に正直に生きているんだ。


そんなことがあったんだよと、僕がしみじみと話していると。

「あの、感傷に浸っているタイミングで申し訳ないのですが……」

と、当の詩子さんが声をかけてきた。

「私、妹いません」

は？

「うん。詩子ちゃん、弟はいるって言ったけど、妹の話は聞いてないもんね。タカ、何か勘違いしてるんじゃないの？」

へ？

「い、いや。確かに詩子さんの妹だって言ってたんだ。背が高くて、顔も似てたし、髪の色は違うけどショートカットがすごく似合ってて」

「ショートカット？」

「そうそう！　きれいなアッシュグレーで」

「アッシュグレー……そうですか」

なんだ、やっぱり知ってんじゃん！　と僕はちょっとホッとする。会ったのは幻でもなんでもないんだと胸をなで下ろす。

しかし、詩子さんは何やら考え込んでいる様子だ。

「え、なに？　どうしたの？　気になるんだけど」

「たぶんそれ、私がたった一回、美容室で会った人です」

「そう、美容師だって言ってたよ。ん？　だけど妹ではないってこと？」

さっきまで思い出に浸っていたのに、今の僕はかなり動揺している。

「はい。私に妹はいません。それに私も美容室で新しい人が入ったって紹介されただけで。

その人にはそのときに一度だけ髪を切ってもらって、プライベートの話はほとんどしていません。だけど……」

「だけど?」

僕は呼吸を整えながら、続きを促す。すでに心臓が早鐘を打ち始めている。

「今思い出せば、桜の話をしたわ。私の桜色の爪を見て、桜はいいですよね、桜が咲くって生命を感じますよねって。私のことを妙に知っていた……」

「会ったのは?」

「その一度だけ」

え、これって……。そのとき、ワカがハッとしたように口を開いた。

「ねえ、詩子ちゃん。その人に会ったのっていつの話?」

「紅葉がきれいだったから、去年の秋ですね。真っ赤な紅葉から半年でピンク色の春になるんだね、っていう話をしましたから」

半年……?　つまり、彼女が事故に遭う半年前に会った謎の女性……?

まさか。

場がシンと静まりかえる。

「そ、そうだ！」

名刺があるのを思い出して僕は慌てて名刺ホルダーを取り出した。あのときは詩子さんの妹だと聞いて安心して、単純に佑実さんと名乗る女性と話を続けてしまった。ホルダーから取り出した名刺を改めて確認する。たしか店名は、

「そうそう、これだよ！　木谷美容院！　ん？　キダニ？」

全員が息を呑む。そうか、そうだったのか。

僕はそれを、ひと言ずつゆっくりと口にした。

「キ・ダ・ニ。並べ替えると、ダキニ……ダーキニー……」

背中に何か冷たいものが伝っていく。

ダーキニーこと荼枳尼天は、人の死をあらかじめ知る能力を大黒天より授かった。彼女は半年前に死ぬ人がわかるのだという。そして、会いにいく。それは決して死に誘うのではなく、むしろ死の瞬間までを幸せに過ごせるように。そして死後、その肝を食べて自らの一部として大事に生かしていく。そういえば、詩子さんも死ぬ数か月前に育てた馬が、大きなレースで勝利したと言っていた。そして……。

「タカ、その佑実さんと会ったのは去年の春よね？」

ワカの言葉の意味は、恐ろしいほどよくわかった。名刺に書き込んだ日付を確認する。

「そう、今から1年ほど前だ」

「じゃ、タカも会っていたのよ、ダーキニーに。だって……」

「わかってる。愛宕の御神札が倒れていて、遠野への旅行を中止した日のちょうど半年前だから」

そう言って、僕たちは無言で顔を見合わせた。

やっぱりあのときは本当に危なかったんだ……。

愛宕の神様に救ってもらったのは間違いじゃなかったということか。

そこで記憶のかけらが頭の中でカラリと音を立てた。

ふいに、広島への旅で厳島神社を訪れたときの記憶が蘇ってきた。そこで僕も誰かと顔を合わせていたような気が……誰かに見られていた？　つけられていた？

ああ、もう混乱で記憶があいまいになってくる。

「ま、茶枳尼天も自らの一部として生かす以上は、人を選ぶかもしれんぞ。タカや、おまえはマズすぎて、好いてはもらえんかったらしい」

カカカ……というガガの笑い声が春の夜空に響く。

確かにそうかもしれない。

だけど、そこにはもっと大きな意味があると僕は直感した。

茶枳尼天が死ぬ間際まで幸せであることを護ろうとしてくれたならば……。きっと詩子さんの願い、

「あの桜が咲く頃に、私はまた生まれ変わるでしょう」

それを叶えてあげようと思ったはずだ。

そのために僕に書かせてくれたんだ。この世の続きの物語を。

桜の咲く頃に、一冊の本となって生まれ変わってくるために。

親愛なるあなたに捧ぐ

あとがきにかえて

僕が初めて書籍を刊行してから8年。数にすると30冊近い作品を世に出すことができました。そしてそのどの作品も、読んでくれる読者を思いながら、誠心誠意書いてきました。なのでいつも、発売前は「満足いくものができた」と、自信を持って送り出します。

けれど今回の作品に関しては、ちょっと感触が違っています。というのも、今回は僕が書きたいままに、ただ手が動くままに書き進めました。そう、まるで何かに操られるかのように文字を紡ぎ出したのです。ですから正直、皆さんに喜んでもらえる作品になっているのか？　ちょっとだけ不安です。実際、最初の生原稿をワカさんや編集長に見せるときには、本当に緊張しました。「これ、おもしろいのかな?」って。

ただ、自分自身では、今までにここまで満足できる作品はなかったのが真実です。書きたいものを初めて自由に書けたのではないかと、そんな想いでいます。それだけ今回の作品は、僕自身の想いが詰まったものなのかもしれません。

これまで過ごしてきた日々や、出会ってきた人たち、そして知らず知らずのうちに通りすぎていた神仏の数々。それらが一つひとつつながり、広がって、まるでひとつの大きな輪を形成していったかのような。そんな不思議な気持ちでこの原稿を書き上げました。

だからこの作品はもう僕だけのものではなく、多くの人の魂の想いが世に出ていく手段なわけで。その世界観を皆さんにも楽しんでもらえたならば、もう本望です。

それにね、この本、すごく不思議な本になったと思うんです。人や生き物の死が関わってくるというか、魂が語りかけてくるというかね。だって、この作品を書いている最中に不思議な出来事がたくさんありましたから。

僕たちは毎年、ガガ祭りというファン向けのイベントを開催しています。ファン同士の交流や、僕らのトークやマジックショーなどを大いに楽しんでもらおうというパーティで、10年ほど前は身内や友人たちだけで行っていたのですが、今では多くのファンの方々に参加していただけるイベントになりました。

そんなガガ祭りを翌月に控えたある日、ワカが打ち合わせをしようと言いだしました。

僕は思いました。もう少し後でよくない？　内容もまだ固まってないし、今、めっちゃ忙しいし、と。ただ、どうしてもすぐにしたいというワカの意見を尊重して（ここ大事なところ）メンバーに声をかけました。オンラインで打ち合わせをすることにしたのです。

ワカが突然の閃きで言いだすときは、何かあることを僕は知っていました。そしてそんなときは、流れに逆らわないと決めています。

司会を担当するフリーアナウンサーの西村綾子さん、マジック担当のマジシャンルパン。それに青森でドットアーティストとして活躍するサイトウパピコ。その日、このメンバーでちょっと早めの打ち合わせが始まりました。そのとき、一瞬のことですが、ワカが発する空気がいつもと違うことに気が付きました。ただ、ワカは特に何も言わないままに話が進み、僕も何も言いませんでした。会場のレイアウトを提示し、ざっくりした流れを確認したり、打ち合わせ自体はとても簡単なものでした。

「まあ、今日は事前のミーティングみたいなものだね。皆さん、今回もよろしくお……」

僕が終わりを宣言しようとしたとき、

「ちょっと最後に5分ほどお時間いいですか?」

珍しく西村さんが挙手をしました。ワカがチラリと僕を見ます。なんだろう?と思いながら促すと、西村さんが「実は……」と口を開いたのです。

彼女の愛猫ダブリンが今朝、亡くなったと。

高齢で、ここ1年ほど体調が思わしくないことは知っていて、病院で処方された薬を与えたり、薬を塗った患部を舐めないように首に巻くエリザベスカラーをして看病を続けていたことも聞いていました。数日前から一気に体調が悪くなり心配だったのだけど、今朝、目覚めると、ダブリンはリビングでゆったりと横になっていたといいます。どういうわけか、首に巻かれたエリザベスカラーを外して。それは簡単には外れるものではないのに、自らの身体の脇にきれいに置いてあったというのです。

そして、日向ぼっこでもしているような穏やかな顔で、彼は瞼を閉じていました。

その瞬間、来るべきときが来たと感じた西村さんはダブリンを優しく抱きかかえ、二人だけの時間を過ごしました。しばしの時が流れ、彼がすっと逝ったのがわかったといいます。苦しまずに、穏やかに大好きな人に抱かれて……。

それから動物の火葬や葬儀をしてくれるところを探し、無事に葬儀を済ませ、この打ち合わせに参加したのだそうです。前日も、翌日も、仕事が入っていて身動きが取れなかった。それを見越したかのように、この日、彼女の愛猫は逝った。そしてその夜に、僕たちと話をする機会がセッティングされていて、この想いをみんなで共有することができたと。

「タカさん、私ね、死神ハーベストさんが来てくれたと思っているんですよ」

涙をポロリと落としながら、それでも西村さんは穏やかな表情で言いました。

あのエリザベスカラーを外してくれたのはきっと、迎えにきた死神ハーベストが、煩わしいものを取って最期を迎えさせてくれたのだと。

ワカが突然、打ち合わせをやると言い、その日だけ西村さんの予定が入ってなかった。ダブリンがそれを見越して、逝こうと思ったのかどうかはわかりません。けれど、もしかすると、動物が人間より寿命が短いのは、人間に「命は巡っていくんだ。生まれては死んでいくんだ。僕らはそのサイクルを学ばせているんだよ」という役割を担っているんじゃないかなと、僕は考えるのです。つまり動物たちは皆、「人間界でいう愛情」と「霊界で定義される愛情」を同時に学ばせてくれるんじゃないでしょうか。

そして、ワカは言いました。

「あのさ、これは愛馬やまちゃんが死んでから思うようになったんだけどね。虎丸と龍吉、つまりはうちの猫たちも私たちよりも先に死んじゃうよね。悲しいけれど、その日は必ずくる。その日は怖いし、ずっと生きていてほしいと思う。だけど、あっちにやまちゃんがいるから大丈夫って思いもあるんだ。きっとあっちでやまちゃんが猫たちの面倒を見てくれるって、そう思ってる」

「じゃあダブリンも今頃あっちで、やまちゃんに会っているかしら」

また涙がポロリと落ちて、西村さんが言います。僕たちは「もちろん」と頷きました。

きっとこの流れも、ダブリンが西村さんを想う気持ちから生まれたものなのでしょう。だから彼は幸せだった。最期まで、好きな人のそばにいられたのだから。

誰がエリザベスカラーを外したかも、こんなふうに夜に仲間内で話せる場が用意されていたのも、きっとすべて彼らの意思。愛する人のために、意思を働かせて実現したのでしょう。だって、やまちゃんなんて、1年が365日あるにもかかわらず、よりによって僕が初めて命について書いた著書『龍神と巡る 命と魂の長いお話』の発売時に死んでしまったのですから！　絶対に狙っていたとしか思えません。本当に厄介な馬です（笑）。

そして、この本で「魂が生まれ変わる」という形を僕は取りました。忘れられなければ生きている。魂が本当に死ぬ時は、誰からも忘れられた時。だから、忘れないように、僕は大事な思い出を、そう、1年前に亡くなった詩子さんのことを素直に書き綴ったのです。彼女に関わったすべての人が、ずっと彼女を覚えていてくれるように。

小野寺S一貴

本書の内容は、すべて実体験を基に書かれておりますが、一部脚色されている箇所もございます。

またこれらは、あくまでも個人の体験であり、その真偽を確定するものではございません。

イラスト　高田真弓
カバーデザイン　渡邊民人（TYPEFACE）
本文デザイン　森岡菜々（TYPEFACE）
校正・校閲　小西義之／岡本淳
DTP制作　Office SASAI

本文中に引用した書籍や史実・伝承についての参考文献

●『戸隠信仰の歴史』（戸隠神社）
●『愛宕山をめぐる神と仏』
（佛教大学宗教文化ミュージアム）
●『源平盛衰記　全釈（三一巻－3）』
※名古屋学院大学論集　人文・自然科学篇第44巻　第2号（2008年1月）
早川厚一、曽我良成、橋本正俊、志立正知
●『山ノ内町の石造文化財（平成4年度発行）』
山ノ内町（長野県）
●『天狗説話考』久留島元（白澤社）
●『未来を開く不思議な天尊　荼吉尼天の秘密』
羽田守快（大法輪閣）
●『博物館だより　第93号　2015・3・27』
（長野市博物館）
●『陰陽師とは何者か』
国立歴史民俗博物館編（小さ子社）

●『現代語訳　信長公記（全）』
太田牛一著・榊山潤訳（ちくま学芸文庫）

●『妖怪と怨霊が動かした日本の歴史』
田中聡（笠間書院）

●『日本霊異記』
原田敏明・高橋貢訳（平凡社ライブラリー）

●『今昔物語集　本朝部（中）』池上洵一編（岩波文庫）

●『天界と地獄』E・スウェーデンボルグ（宮帯出版社）

●『エマニュエル・スウェデンボルグの霊界（マンガ版）』
（中央アート出版社）

●『古事記』倉野憲司校注（岩波文庫）

●『日本書紀（一）』
坂本太郎、家永三郎、井上光貞、大野晋校注（岩波文庫）

●『眠れないほどおもしろい　平家物語』
板野博行（王様文庫）

著者プロフィール

小野寺S一貴（おのでら　えす　かずたか）

作家・古事記研究者、1974年8月29日、宮城県気仙沼市生まれ。仙台市在住。山形大学大学院理工学研究科修了。ソニーセミコンダクタにて14年、技術者として勤務。東日本大震災で故郷の被害を目の当たりにして、政治家の不甲斐なさを痛感。2011年の宮城県議会議員選挙に無所属で立候補するが惨敗。その後「日本のためになにができるか?」を考え、政治と経済を学ぶ。2016年春、妻ワカに付いた龍神ガガに導かれ、神社を巡り日本文化の素晴らしさを知る。著書『妻に龍が付きまして…』『龍神と巡る 命と魂の長いお話』『やっぱり龍と暮らします。』『妻は見えるひとでした』『うしろのおしず』など著作累計は40万部のベストセラーに。現在も「我の教えを世に広めるがね」というガガの言葉に従い、奮闘している。

【ブログ】「小野寺S一貴　龍神の胸の内」 https://ameblo.jp/team-born/

【メルマガ】「小野寺S一貴　龍神の胸の内【プレミアム】」（毎週月曜に配信）
https://www.mag2.com/m/0001680885.html

この世の続きの物語

「妻は見えるひとでした」シリーズ

発行日 2025年3月3日　初版第1刷発行

著　者　小野寺S一貴
発行者　秋尾弘史
発行所　株式会社 扶桑社
〒105-8070　東京都港区海岸1-2-20　汐留ビルディング
電話　03-5843-8843（編集）
03-5843-8143（メールセンター）
www.fusosha.co.jp

印刷・製本　株式会社 加藤文明社

ISBN 978-4-594-09978-7